Himmelstürmer Verlag

Von Dieter Allers bisher erschienen:
MÄNNER - FREUNDE - LIEBESPAARE Biographische Skizzen
ISBN print 978-3-86361-608-3 Auch als Ebook

Dieter Allers

Aufgewachsen in Berlin ging der Autor in den 1960 Jahren zum Architekturstudium mit seinem Partner Heinz nach München. Gemeinsam bauten sie neue Wohnhäuser und restaurierten denkmalgeschützte alte Häuser in München, Augsburg, Potsdam und Berlin. In Italien, auf der Insel Elba fanden sie bald „ihren Süden". Dort bauen, schreiben und leben beide bis heute einen großen Teil des Jahres.
Dieter Allers veröffentlichte "Gelber Stern- Rosa Winkel - Schwarze Haut" (2008), Erfahrungen und Texte über die Verfolgung der Juden, Homosexuellen und Schwarzen besonders in der Nazizeit.
"Elbaner Porträts", ein "Italienischen Notizbuch „Menschen, Orte und Elbaner Trüffel (2009) und sein "Berlin-(Film)Memoir" (2011), zuletzt "Menschen im Haus" (2014) Biografien einiger Bewohner der Franz-Joseph-Straße 19 in Mün-chen, darunter die jüdischen Eheleute Schuster, für die 2016 zwei Stolpersteine im Hauseingang verlegt wurden.

Himmelstürmer Verlag, Nienburg/Weser
www.himmelstuermer.de
E-mail: info@himmelstuermer.de
Originalausgabe, Frühjahr 2021
2. Auflage als Softcover, Juli 2024
Druck: Libri Plureos GmbH Friedensallee 273
22763 Hamburg

Rechtschreibung nach Duden, 24. Auflage.
Coverfoto: Nach einer Zeichnung von Thomas Weczerek Umschlaggestaltung: Olaf Welling, Grafik-Designer AGD, Hamburg.
www.olafwelling.de

ISBN print 978-3-98758-134-2
ISBN epub 978-3-86361-883-4

Dieter Allers

Mann sehnt sich nach Mann

Schwarze und weiße amerikanische Queer Autoren

Why else do we live to be loved and remembered by those we love.
Tom Spanbauer

Für Heinz

Inhaltsübersicht

Erste Begegnung mit Swing, Jazz und amerikanischen Autoren

Glenn Millers Big Band Swing *In the mood,* der flottere *Chatanooga Choochoo* und Louis Armstrongs *When the Saints go marching in ...*" tönten aus meinem ersten eigenen Kofferradio–auch oft während der Schularbeiten. Der AFN (American Forces Network) in Berlin brachte uns Schülern mit dem amerikanischen Sound Englisch näher, als das Schulbuch *Peter Pim and Billy Ball* oder später Oscar Wildes *The Art of being Earnest.* Swing, Jazz und dann Bill Haleys *Rock around the clock,* war die populäre Musik meiner Jugend.

Für den Live Jazz spät abends im legendären Lokal "Eierschale" war ich noch zu jung, aber ich konnte manche Jazzstars bei ihren Konzerten im Sportpalast live erleben: Louis Armstrong's All Stars mit der voluminösen Sängerin Velma Middleton, die vogelleicht mit ihrer großen Stimme über die Bühne tanzte, Lionel Hampton, der unglaublich schnell mit den Klöppeln über sein Vibraphon fegte und später "Jazz at the Philharmonic", mit dem Quartett des Pianisten Oscar Petersson und der schon berühmten Ella Fitzgerald. Die Musiker waren alle schwarze Amerikaner und spielten ihren Jazz – Mahelia Jackson sang Gospel Songs, "Negro" Spirituals und alle "jazzten", improvisierten zusammen und spielten virtuose Soli. Erst später erfuhr ich, dass Jazz als "Negermusik" unter Hitler verboten war und es Schilder gab "Swing Tanzen verboten".

Von Karl May hatte ich gehört, aber kein Buch gelesen; wohl aber F.J. Coopers "Lederstrumpf" und Mark Twains "Tom Sawyer und Huckleberry Finn", Bücher die mir die Großeltern geschenkt hatten. Irritiert von der Jungsfreundschaft zu dem "schrägen" Huck, der sein Leben neben der Norm lebt. Kino-Western zeigten den Kampf der weißen Siedler gegen die Indianer. Die Geschichte der Verdrängung der Ureinwohner erfuhr ich erst nach und nach im Kurs "American

History"später als Austauschschüler in der High School in Oregon. Dort gab es ein Navajo Reservat. Die wenigen Indianer, die dort ärmlich und von der Zivilisation abgeschottet lebten, hatten Büffelherden, führten Besucher durchs Reservat und schnitzten Souvenirs.

Nicht mitgerissen von mancher Schullektüre – Novellen von Gottfried Keller und Conrad Ferdinand Meyer, hatte mir Hans-Jürgen von amerikanischer Literatur unserer Zeit erzählt. Er lieh mir John Steinbecks "Straße der Ölsardinen", der deutsche Titel poetischer als der originale *Cannery Row*. Die Menschen in dem maroden Ort an der Küste Kaliforniens in der stillgelegten Ölsardinenfabrik – *cannery* - waren so gar keine amerikanische Westernhelden, sondern arme Hunde, von Steinbeck mit viel Empathie geschildert. Mit seinem Buch *Grapes of Wrath* (Früchte des Zorns) zerstörte er die Illusion vom Goldenen Westen und solidarisierte sich in den Jahren der Depression mit den Loosern des industriellen Fortschritts. Später mit *East of Eden*, einer Südstaatengeschichte zweier Kain und Abel Brüder und dem Bühnenstück *Of mice and men* (Von Mäusen und Menschen), der traurigen Geschichte eines Blinden, der das erwürgt, was er liebt, rundete sich das Bild Steinbecks als Menschenfreund ab. Von Mäusen und Menschen, das Schicksal des blinden Lenny, hatte mich so bewegt, dass ich drei Jahre später den Text verkürzt in der Dramaklasse der High School vortrug.

"Schau heimwärts Engel" von Thomas Woolfe war komplexer in seinen Charakteren aus den Südstaaten. Ich fühlte mich trotzdem durch die Atmosphäre an "Tom Sayer und Huckleberry Finn" erinnert. Hans-Jürgen kannte, durch seinen älteren Bruder angeregt, auch schon Ernest Hemingway's pazifistisches *A Farewell to Arms* und hatte von Henry Millers vermeintlich skandalträchtigen Wendekreis Büchern wohl mehr gehört, als selbst gelesen.

Auf deutschen Theatern, auch in Berlin, wurde in den 1950 Jahren Thorton Wilders "Unsere kleine Stadt" gespielt, der ich weniger abgewinnen konnte als Eugene O'Neills *Long days journey into night,* eine scheinbar banale Geschichte zerstörter Illusionen einer absteigenden "middle-class family", im Theater am Kurfürstendamm mit einer wundervollen Schauspielerin als weibliche Protagonistin, Grete Mosheim. Das Stück auch eine Geschichte zerstörter Lebensträume.

Von Walt Whitman zu Edward Albee

In der High-School im Leistungskurs "American Literature", begegnete ich Walt Whitman's Gedichten in der Anthologie *Grass Halms*. Stolz und liebevoll mitfühlend schildert er die Tapferkeit und das Leid der Kameraden auf den Schlachtfeldern des amerikanischen Bürgerkriegs. Whitman war Sanitäter und fühlte viele Verwundete in seinen Armen sterben.

Sah ich damals schon die homoerotische Grundierung von Whitmans Dichtung? Später fand ich die Verse weniger patriotisch eher zärtlich von der *comrade love*, der mann-männlichen Liebe singend.

Here to put the lips upon mine I permit you
With the comrades long dwelling kiss or
The new husband's kiss
For I am the new husband and I am the comrade.

"Leaves of Grass", Poster

Walt Whitman, Stahlstich (Samuel Hollyer)

Die Mitschüler des Literaturkurses schenkten mir zum Abschied Nabokov's gerade herausgekommene *Lolita* mit von allen unterschriebener Widmung in bester Absicht, nichts von meinen aufbrechenden queer Neigungen ahnend.

Höhepunkt zum Abschied von Amerika war eine Theatervorstellung am Broadway. *Sweet Bird of Youth* (Süßer Vogel Jugend), die erste Begegnung mit Tennessee Williams. Das Drama der alternden Diva, ihre Leidenschaft für den etwas rotzigen jungen Mann war für den noch nicht 18jährigen nicht so eindrücklich wie die Hauptdarstellerin Geraldine Page.

Zurück in Berlin gab es am Schlosspark-Theater Stücke von William Saroyan wie *My heart is in the Highlands* und William Inges "Komm zurück, kleine Sheba". Friedlich, sensibel, aber nicht so harmlos, wie die Titel vermuten lassen.

In der gerade eröffneten Werkstatt des Schillertheaters kam Edward Albees Einakter "Zoogeschichte" 1959 als Erstaufführung heraus. Auch Albees zweiter Einakter "Der Tod von Bessie Smith" wurde in Berlin erstaufgeführt, bevor er in New York reüssierte. Das Stück thematisiert den Tod der schwarzen Bluessängerin, die vor dem Eingang der Notaufnahme des Hospitals nach einem Verkehrsunfall starb, weil sie als Farbige nicht eingelassen wurde.

In der "Zoogeschichte" war der junge Schauspieler Thomas Holtzmann der Jerry, ein etwas gammeliger Outsider, in Jeans, Hände oft in den Gesäßtaschen. Jerry spricht einen auf der Parkbank sitzenden braven Bürger namens Peter an, provoziert ihn im Gespräch mit Fragen und erzählt ihm nach und nach sein gescheitertes Leben. Die Geschichte endet schließlich mit Jerrys absurden Selbstmord, indem er Peter sein Messer aufdrängt und sich dann selbst darein stürzt.

Irritiert, aber mit Verständnis für beide, verlässt der Zuschauer das Theater.

Zwei Jahre später wurde Albees "Wer hat Angst vor Virginia Woolf?" ein großer Erfolg und in vielen Theatern gespielt. Die Verfilmung mit Elisabeth Taylor und Richard Burton wurde dann ein Welterfolg. Die messerscharfen, manchmal ironischen dann böswilligen, auch wieder zärtlichen Dialoge in diesem Ehekrieg spiegelten auch den Zeitgeist einer urbane Oberschicht in den 1950 Jahren, in der Albee selbst in New York aufgewachsen war.

1928 als uneheliches Kind in Washington geboren, wurde er kaum einen Monat alt von einem kinderlosen, wohlhabenden Reed A. Albee, Erbe eines Tourneetheaters, adoptiert. Mit zwölf schrieb er eine "erotische Farce" und entdeckte seine Homosexualität. Er wuchs mit der Theatertruppe an verschiedenen Orten reich, aber in häuslichem Unfrieden, auf. Später meinte er, die Albees seien keine guten Eltern und er kein guter Sohn gewesen. Sein Collegestudium brach er ab und verließ mit Zwanzig das Elternhaus. Obwohl finanziell unabhängig, macht er Gelegenheitsjobs und schreibt für Zeitschriften.

Als schon bekannter Autor trifft er bei einem Besuch in Chicago Mitte der 1960 Jahre abends im Park einen jungen Mann aus der Provinz, Tom Bianchi. Sie unterhalten sich angeregt, mögen sich und landen schließlich in Albees Hotel im Bett. Für den jungen Mann ist es das erste Mal, und er ist Albee dankbar. Sie bleiben auch nach ihrer Affaire Freunde. Albee bestärkt den jungen Jurastudenten, das zu tun, was er eigentlich tun wollte: malen. Tom Bianchi wurde nach einer kurzen Anwaltskarriere mit seinen Polaroids vom Beach auf Fire Island Männerfotograf, malte und sammelte Kunst. Er hat seinem "Erwecker" Albee nach dessen Tod 2016 einen anrührenden Nachruf auf seine Website gestellt.

Edward Albee

Albees Dramatisierung von Carson McCullers' "Ballade vom traurigen Café" war sehr erfolgreich am Broadway. In dieser dramatisierten Fassung wurde die Geschichte und damit Carson McCullers mehr Menschen bekannt. Man könne die Gesellschaft nur kritisieren, wenn man Außenseiter ist, meinte Albee. Trotz seiner vom absurden Theater Becketts und Ionescos beeinflussten schwarzen Komödien um Geschlechterkampf und Diskriminierung bleibt sein Blick auf die Figuren immer mitfühlend. Sein letztes Stück *The Play about a Baby* wurde erst im Jahr seines Todes aufgeführt.

Albee selbst lebte offen schwul. Aber er wollte nicht als "gay author" gesehen werden, sondern als Schriftsteller, der auch gay ist. Er wurde auch nach Stonewall kein Aktivist in der Gay community und lebte nach einer Beziehung in den 1950 Jahren später über 30 Jahre zusammen mit einem Bildhauer bis zu dessen Tod in ihrem Haus in Montauk bei New York.

Im Gegensatz dazu hatte Thornton Wilder, der Albee zum Stücke schreiben ermuntert hatte, selbst Furcht, seine Homosexualität zu leben, geschweige denn, sie öffentlich zu machen. Er diskutierte

Homosexualität in der Antike und Literatur als akademisches Argument erst mit Thomas Mann und einen Tag darauf mit dem jungen Kollegen Samuel S. Steward eine halbe Nacht lang in Zürich, um schliesslich mit ihm in Wilders Hotelbett zu landen. Dies wiederholte sich im Verlauf vieler Jahre mit Steward in Chicago. Wilder blieb *closeted.* (Briefe Wilders an Samuel S. Steward)

Wilders Biografen wollen seine sexuelle Inklination bis heute nicht sehen oder tun sie als irrelevant ab. Als ob die Sexualität - sein Doppelleben -nicht für das Werk wichtig sind. Wilder selbst hatte vor seinem Tod Stewards Briefe an ihn vernichtet.

„Loneliness and unrequited love“
Bei der Recherche für “Männer-Freunde-Liebespaare” fiel mir auf, dass viele von mir geschätzte Autoren nicht zu den “Paaren” gehörten oder nur zeitweilig einen Partner hatten, wie James Baldwin, Bruce Chatwin oder Tennessee Williams. Beim tiefer in ihre Biografien eintauchen stellte ich fest, dass ihnen gemeinsam eine große Menschlichkeit, eine besondere Sensibilität ist -Gertrude Stein sprach von einer “gay sensibility“ allerdings oft verbunden mit einer tief sitzenden Traurigkeit, Einsamkeit, Depression und ebenso oft der Kampf dagegen mit Drogen, Medikamenten, Alkohol und ihrer oftmals fatalen Kombination, um weiterschreiben und leben zu können. Einige starben frühzeitig an den Folgen von Drogen.

Neben dem gesellschaftlichen Tabu “der Liebe, die ihren Namen nicht nennen darf” (Oscar Wilde) steht das persönliche Tabu aus der christlich-jüdischen Prägung, “dass nicht sein kann, was nicht sein darf”. So stand dem in der US Verfassung garantierten “*pursuit of happiness*” dem Dichter Hart Crane, dem Beatnik Jack Kerouac und dem Dramatiker William Inge dieses persönliche Tabu im Wege, sich offen homosexuell zu verwirklichen. Nur betäubt von Alkohol oder Drogen geschah gelegentlich, wonach sie sich sehnten, Sex mit einem Mann.

E.M. Forster traute sich nicht die englische Gesellschaft mit seinem Roman *Maurice* zu konfrontieren. Und Thomas Mann legte seine sehnsuchtsvolle Neigung zu jungen Männern nur in seinen posthum veröffentlichten Tagebüchern offen. Dabei gab es auch Zeitgenossen, die diese Tabus brachen: Walt Whitman mit den *Leaves of Grass* in seinen Oden an die "*comrade love*", Rimbaud und Verlaine mit ihrem Gedichtzyklus *Hombres* und später André Gide mit seinen Bekenntnissen in *Corydon*.

Eine Generation später verließen die jungen Engländer T.S. Elliot, Stephan Spender und Christopher Isherwood ihr von viktorianischer Moral geprägtes Land und zogen ins freigeistige Berlin der Zwanziger Jahre. Dort in der Stadt, wo "junge Männer einfacher und natürlicher mit ihrer Sexualität umgingen" (Christopher Isherwood) hatte der Arzt Dr. Magnus Hirschfeld ein "Institut für Sexualwissenschaften" gegründet und Christopher Isherwood wohnte im gleichen Schöneberger Mietshaus als Untermieter.

Nach dem Aufkommen der Nazis flohen die schwulen jungen Engländer aus Berlin. Sie erlebten die Bedrohung durch die Schlägerhorden der SA. Dr. Hirschfelds Institut wurde von den Schlägern zerstört. Viele Berliner Engländer gingen nach New York und manche weiter nach Kalifornien. Sie arbeiteten für Zeitungen oder unterrichteten "*creative writing*", schrieben Drehbücher für Hollywoodfilme und fanden Zugang zu intellektuellen Kreisen, wohnten zeitweise zu Gast bei Kollegen. Später waren sie Leitfiguren für Jüngere, wie Albee, Capote, Williams und Vidal.

Mit den Umbrüchen 1968 und den Stonewall Protesten in New York wurden Gays endgültig sichtbar, zum Teil farbig und grell, sie wollten sich nicht mehr verstecken, im *closet* bleiben. Die Jüngeren waren *sick and tired-* hatten es dick - von der Polizei schikaniert und als Kriminelle ausgegrenzt zu werden. Obwohl keiner dieser etablierten Autoren Aktivist in der Bewegung wurde, waren sie die Überväter im Hintergrund, auf die sich Jüngere, wie Edmund White und David Leavitt beziehen konnten.

Sie zeichnet auch das aus, was Tennessee Williams für sich selbst so schildert: "er sei durch sein gay-sein sensibler, bewusster für die Nöte anderer und habe mehr Kraft die Tiefe des menschlichen Herzen darzustellen". Das gilt für viele amerikanische Autoren, die queer sind.

Harlem Renaissance – schwarz – weiß - queer

Langston Hughes und Carl Van Vechten

“Harlem Renaissance” oder “New Negro Movement“ war eine Strömung der New Yorker Kulturszene der 1920 – 1940 Jahre, die einen “New Negro” mit neuem politischem und künstlerischem Selbstbewusstsein darstellte. Vordenker der Bewegung war der schwarze Philosoph und Hochschullehrer Alain Locke. Musiker wie die Bluessängerin Bessie Smith und der spätere “King of Jazz” Louis Armstrong, Musiklokale, wie der “Cotton Club”, Schauspieler und Schriftsteller, wie der Journalist und Poet Langston Hughes und sein Dichterkollege Countee Cullen, beide queer wie Alain Locke, gehörten zu den Protagonisten der Szene.

Langston Hughes

Carl Van Vechten, ein *ami des nègres,* der weiße Autor und Redakteur der New York Times, der später auch fotografierte, gehörte zu den *patrons* dieser Szene Harlems, die vor Leben, Musik und Selbstwertgefühl strotzte und auch viel von weißen New Yorkern frequentiert wurde.

Carl Van Vechten beschrieb die Atmosphäre in den Straßen und in den Clubs von Harlem 1926 in seinem Roman *Nigger Heaven.* Der provokante Titel trug ihm viel Kritik, aber auch Zustimmung ein. In die Handlung und Gespräche, bei den verschiedenen Club- und Barbesuchen der Figuren streut er immer wieder Songtexte seines Freundes Langston Hughes ein.

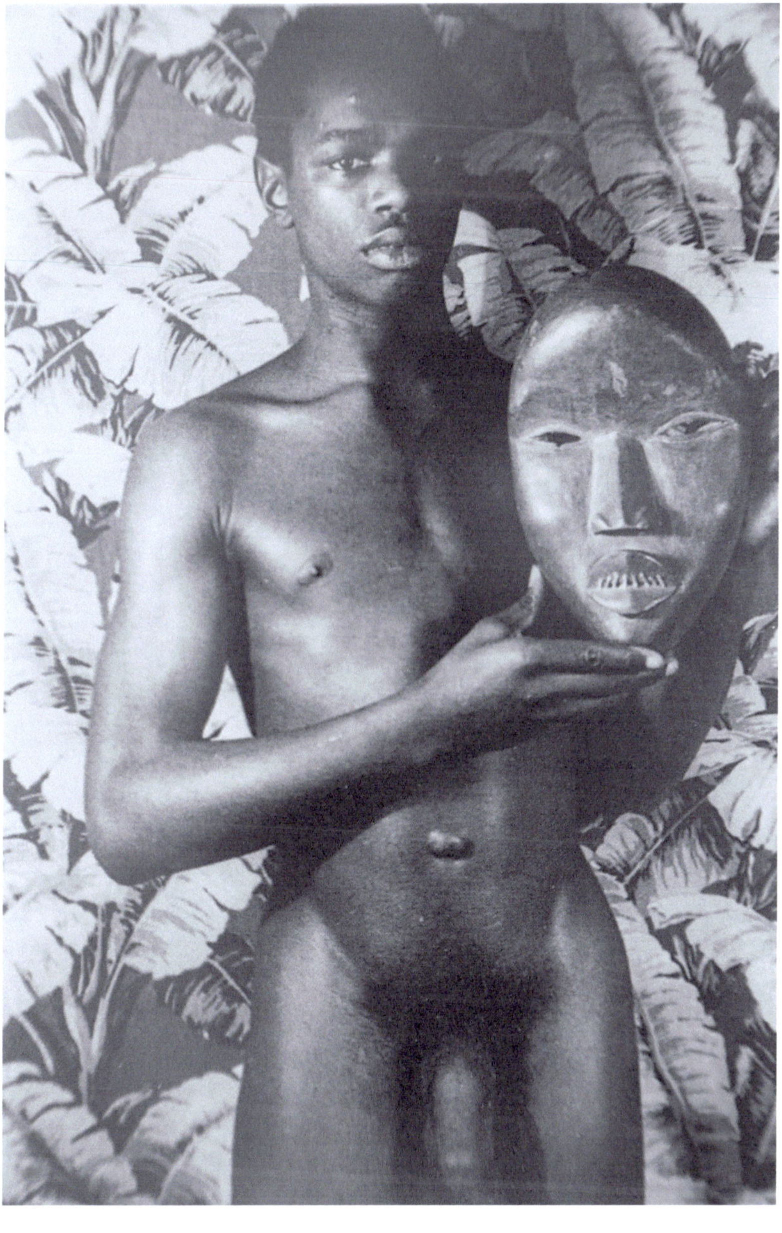

Junge mit Maske (Carl Van Vechten)

"An drei Seiten des Saals, die die Band freiließ, saßen Gruppen von weißen, farbigen und gemischten Gästen, aber die bernsteinfarbene Beleuchtung des schwarz-goldenen Raums gab allen mehr oder weniger die gleiche Hautfarbe, mit Ausnahme einer jungen Schwarzen, die sich so stark geschminkt hatte, dass ihr Gesicht ein schmutziges Grün war.

In der Mitte der Tanzfläche führte ein gelenkiger Tänzer mit glattem, geölten Haar den Charlston vor.

"Hey! Hey! I'm Charlston crazy!"

"Ich bin dabei!", rief Lasca, als sie die Tanzfläche betrat.

Beifall begleitete ihren Auftritt. Jemand rief: "Zeig, was du kannst, Lasca!"

Lasca warf die Beine zurück und tanzte mit äußerster Hingabe.

Hey! Hey! Do that thing!

Sie schob ihren champagnerfarbenen Seidenkrepprock hoch über die Knie. Ein in Platin gefasster Stein verstrahlte sein Feuer an ihrem Ellbogen. Ihr Kopf steckte unter einem smaragdgrünen Topfhut.

Als sie unter Beifall und Gelächter an den Tisch zurückging, brachte der Kellner einen Eiskübel, aus dem eine Flasche hervorragte. Der Manager des Winter-Palace gesellte sich zu ihnen."

Der Roman spiegelt das Leben junger, arrivierte Schwarzer in Harlem:

"... Howards Vater war noch als Sklave geboren worden. Mit neun Jahren hatte er die Freiheit erhalten und war später Wanderprediger geworden. Mit viel Mühe hatte Howards Familie genug Geld angespart, um ihn nach Harward zu schicken, wo er Jura studierte. Er hatte sich gerade als Rechtsanwalt etabliert. Er war groß, sah gut aus und da er dunkelbraun war, hatte er persönliche Gründe über das Rassenproblem nachzudenken.

Eines Abends kam er mit Richard vorbei, einem jungen Mann, der fast so weiß wie Olive war und außerhalb Harlems nie für einen Farbigen gehalten wurde. Bei Kaffee und Zigaretten plauderten sie ausgiebig über diese Dinge ...

Natürlich sei es für sie nicht so schlimm, wie für ihre Vorfahren, sie hätten wenigstens Harlem.

Richard begann zu lachen. "Ha, das Mekka des neuen Negers! Der Hafen der Zuflucht!", rief er höhnisch.

Sie können nicht mal sagen, dass Harlem ihnen gehöre. So viele Weiße strömten mittlerweile in ihre Lokale, in manchen hätten sie sogar versucht, ein bisschen Rassentrennung einzuführen, meinte Olive. Es sei doch lästig, wenn sie sich in unseren Lokalen breit machen, während wir nur wegen unserer Hautfarbe nicht in ihre Theater und Restaurants dürfen. Eine weiße Prostituierte könne Orte aufsuchen, zu denen ein schwarzer Prediger keinen Zugang hätte.

"Letztlich lässt sich doch alles auf die Frage reduzieren, die Weiße sich immer stellen. Wäre es dir lieb, wenn deine Schwester einen Neger heiraten würde? Liebe Gemeinde, seht doch ein, dass gesellschaftliche Gleichberechtigung die Vermischung der Geschlechter beider Rassen beinhaltet."

Richards Ton war von bitterer Ironie ... Lieber Richard, wie kommt es den, dass du so weiß bist?"

Im Süden erklärt man das damit, dass im Civil War die Armee der Nordstaaten bis ans Meer vordrang. Alle lachten.

General Sherman muss ja eine sehr große und potente Armee befehligt haben, meinte Olive, ihr wisst so gut wie ich, dass fast jede zweite Bleichhaut im Süden einen farbigen Halbbruder hat und wie viele erfolgreiche Mischehen es gegeben hat ... Lustig ist ja auch, was die Weißen zu Genies unserer Rasse zu sagen haben. Sie geben zu, dass Puschkin ein Genie war, Dumas ebenso, aber das lag ja an ihrem weißen Blut.

Rassenvermischung ist eine gute Sache, nachdem sie stattgefunden hat, aber sie darf um Gotteswillen nicht geschehen.

Gertrude Stein, die er auch fotografiert hatte, schrieb an Carl Van Vechten zu seinem Buch *Nigger Heaven*, "*einfühlsam und wahrhaftig ... Dein bestes Buch!*"

Langston Hughes, der berühmteste Dichter der Harlem Renaissance, stammte aus Missouri. Er kam aus einer politisch aktiven Familie und hatte schon in der Schule Artikel und Gedichte geschrieben. Der Vater hatte die Familie kurz nach Langstons' Geburt verlassen und war angeblich wegen des für ihn unerträglichen Rassismus in den Südstaaten nach Kuba und Mexiko gegangen. Langston wuchs bei seiner Großmutter auf, bis ihn die Mutter in New York wieder zu sich nehmen konnte.

Nach seinem Schulabschluss ging er ein Jahr zu seinem Vater in Mexiko, arbeitete in odd jobs, sparte und bekam von ihm das Geld, um in New York aufs College gehen. Er sollte eigentlich ein Ingenieurstudium machen, studierte aber stattdessen Literatur und schrieb Gedichte und Artikel für verschiedene Zeitschriften, auch später 20 Jahre lang eine wöchentliche Kolumne für die größte schwarze Tageszeitung in Chicago.

Gleich für seinen ersten Roman 1930 *Not without laughter,* einer konfliktreichen Familiengeschichte, wurde er ausgezeichnet. 1934 veröffentlichte er eine Sammlung Short-Stories *The Way of White Folks.*

Sein Leben lang hat er sich mit dem Unrecht, das "my people" erleiden musste, befasst und ihren Lebenskampf beschrieben. In seinen Gedichten preist er aber auch die Schönheit der Schöpfung und der schwarzen Menschen, besonders der Männer. Von Walt Whitman beeinflusst schrieb er eindringliche und hoffnungsvolle Verse in einfacher Sprache:

Hold fast to dreams
For if dreams dy
Life is a broken-winged bird
That cannot fly.

Hold fast to dreams
For when dreams go –

Life is a barren field
Frozen with snow.

Eindringlich beschwört er die Schönheit, die Werte und den Patriotismus seiner schwarzen Mitmenschen:

I, too, sing America
I am the darker brother
They send me to eat in the kitchen
When company comes
But I laugh
And eat as well
And grow strong.

Tomorrow
I'll be at the table
When company comes
Nobody'll' dare
Say to me:
"Eat in the kitchen"
Then.

Besides
They see how beautiful I am
And be ashamed.
I, too, am America.

Immer wieder drückt er befeuernd seine optimistische Sicht, seinen Stolz, aus, ein schwarzer Amerikaner zu sein, kritisiert in einigen Gedichten die Kirchen, die nichts gegen die Unterdrückung tun und prangert gleichzeitig die tägliche Diskriminierung durch die weiße Polizei an:

The night is beautiful
So the faces of my people

The stars are beautiful
So the eyes of my people

Beautiful, also, is the sun
Beautiful, also, are the souls of my people.
C'mon, look at me
Beautiful black man, I'm just like you
You know I face discrimination, too,
Got here about ten when I walk in this place
Hardly nobody here, would look me in the face?

You're such a beautiful blackman
Don't walk with your head bending low
Don't do that no more
Beautiful black man did they ask for your ID,
Did they want pictures,
Did they want three
I know it's hard but sometimes we must
Just walk away, shake our heads in disgust,

You're such a beautiful blackman
But somehow, been made to feel
That you're beauty's not real
Your such a beautiful blackman
C'me on put a smile on your face,
Be proud of your race
I'm saying you're beautiful, saying you're beautiful,
Don't you know you're beautiful, beautiful,
You're got a beautiful face,
I'm saying you're beau-ti-ful ...

Obwohl Langston Hughes seine Homosexualität nicht nach außen trug, war sie für seine Freunde und die, die sehen wollten, offensichtlich und klang auch in einigen Gedichten manchmal verhalten, manchmal deutlicher an:

I want to court outside the race,
Outside the class, outside the attitudes-
But love is a dangerous word
In this small town.
Those who seek it are sometimes found
Face down floating on their beds.

Dann schreibt er ganz explizit:

Lowering my pants
before another mouth:
the cheap movie reel
rattles in its compartment
while a silent colour movie
for a quarter
grinds around and around.
We pant in a dark booth.
The musk of hair
Burns our nostrils.
I moan as his mouth
swallows me.
This is the first sound
In this silent movie.
Then he moans
giving the movie its dialogue.
Now we think
as we fuck
this nut

might kill us.
There might be
a pin-sized hole
in the condom,
a lethal leak.

"F.S." ist dem älteren Freund Ferdinand Smith gewidmet, der ihn animiert hatte, auch ein Jahr auf einem Handelsschiff anzuheuern, wodurch Hughes nach Afrika und Europa kam. Er blieb ein paar Monate in Paris und hatte wohl schon Kontakte zu den afrikanisch/karibischen Autoren Leopold Senghor und Aime Césaire, die später in ihren Werken den Begriff "*négritude*" prägten.

Der Freund F.S. wurde 1951 in der Ära des kommunistische Unterwanderung fürchtenden Senator McCarthy – einem verkappten Homosexuellen, wie auch FBI Chef J. Edgar Hoover - wegen des Verdachts, Kommunist zu sein, vom FBI nach Jamaica deportiert. Hughes und F.S. hatten noch einen Briefwechsel bis zum Tod von F.S. zehn Jahre später.

I loved my friend. He went away from me
There's nothing more to say.
The poem ends as soft as it began
I loved my friend.

Oh sweep of stars over Harlem streets
Oh little breath of oblivion that is night.
A city building to a mothers song
A city dreaming to a lullaby

Reach up your hand dark boy and take a star
Out of the little breath of oblivion that is night
Take just one star.

Der Regisseur Isaac Julien hat 1990 im Film *Looking for Langston* die Atmosphäre der Harlem Renaissance in Bildern beschrieben und auch die Sehnsucht, die *borders of the race* zu überschreiten, deutlich gemacht.

Hans van Manen : Thijs and Kyle

James Baldwin

Über dreißig Jahre nach seinem Tod 1987 wird der afroamerikanische Autor und politische Aktivist der Bürgerrechtsbewegung als der bedeutendste schwarze Schriftsteller Amerikas angesehen. Sein neu übersetzter, erster Roman *Go tell it on the mountain*, die lange Short-Story *Sonnys Blues* und sein Pamphlet *The fire next time* von 1963 zeigen die Aktualität seiner Position gegen den Rassismus in den Seelen weißer Amerikaner, an dem sich bis heute wenig geändert hat und vielleicht nie ändern wird, solange die Weißen ihre schwarzen Landsleute nicht als vollwertige Amerikaner sehen. Selbst heute, im Mai 2020, erstarkt die "Black Lives Matter" Bewegung, nachdem ein Video im Netz zeigte, wie ein weißer Polizist den Schwarzen George Floyd in Minneapolis erstickt, indem er dem am Boden Liegenden fünf Minuten sein Knie auf den Hals drückt.

Baldwin war in Harlem in einem Priesterhaushalt aufgewachsen und hat früh den Konflikt seiner Sexualität "ich hatte mit den Händen gesündigt" und später seiner Homosexualität mit der christlichen Familien- und Glaubensmoral erlebt. Auch nach Jahren, engagiert in der Bürgerrechtsbewegung, hat er sich als schwuler Schwarzer nicht richtig zuhause gefühlt. Der religiöse Fundamentalismus der evangelikalen Kirchen, der nichts zur Gleichheit aller Menschen beitrug, vertrieb ihn 1948 nach Paris; nach dem Krieg ein Mekka für linke Intellektuelle, weiße und afroamerikanische Künstler. Die Umgebung der Existenzialisten am Rive Gauche um J.P. Sartre, Albert Camus und Juliette Greco und die im laizistischen Frankreich nicht so bestimmende katholische Kirche waren für Baldwin als schwarzer amerikanischer Schriftsteller ein besseres Umfeld als Amerika.

James Baldwin

Der Roman *Go tell it on the mountain* basiert auf seiner Familiengeschichte in Harlem, vor allem der Auseinandersetzung mit dem Prediger-Vater David Baldwin, der zwar nicht sein Erzeuger war, aber den seine geliebte Mutter geheiratet hatte, als Jimmy drei Jahre alt war. Er liebte und hasste den Vater. Dessen älterer Sohn war Jimmy anfangs als großer Bruder ein Vorbild, aber er verließ bald die neue Familie auch wegen seiner Zukunftspläne als Musiker. Baldwin schildert ihn liebevoll in der Erzählung *Sonnys Blues,* aus der Sicht des Jüngeren, der dem Älteren seine Bewunderung für sein Trompetenspiel noch nicht zeigen kann und dies Versäumnis erst nach dessen Drogentod sieht und bedauert. Auch um den Diskussionen mit seinem Vater zu entgehen, war Jimmy nach der High School von der Familie in Harlem weg zu Jobs nach New Jersey und später ins Greenwich Village New Yorks geflohen.

Aber auch hier empfand er Rassendiskriminierung schmerzlich, die er aus Harlem, wo alle schwarz waren, nicht kannte. Selbst im Village war Rassentrennung in Bars und Restaurants noch üblich. Oft passierte es ihm, dass er als Schwarzer nicht bedient und aus dem Lokal gewiesen wurde. Später schrieb er, er wolle "sein Herz frei von Hass und Verzweiflung halten und nicht dem Fieber und der Wut in seinem kochenden Blut erliegen. Man müsse lernen mit dem Hass zu leben, wenn man sich ergibt, wird man davon selbst zerstört."

Mit dem bewunderten schwarzen Schriftsteller Richard Wright, der ihn anfangs väterlich unterstützte, hat er sich später zerstritten. Baldwin warf Wright eine zu sanfte, beschönigende Haltung vor und verglich sein Buch *Native Son* mit "Onkel Toms Hütte". Der schon erfolgreiche schwarze Maler Beauford Delaney hatte den 15jährigen Baldwin vielleicht iniziiert, in jedem Fall aber in seinem Selbstwertgefühl bestärkt. Er war für James das Beispiel, dass auch ein Schwarzer ein erfolgreicher Künstler sein konnte. Beauford Delaney blieb ein lebenslanger Freund, von dem Baldwin sagte, "große Kunst kann nur aus Liebe geschaffen werden und kein größerer Liebender, als er hat je einen Pinsel gehalten."

James Baldwin war sich früh seiner Hautfarbe bewusst und sagte von sich *"I was smart but not good looking."* Er wurde "Frog eyes" genannt und litt sein Leben lang daran, konnte sich selbst nicht schön finden. Wer sich selbst nicht liebt, tut sich schwer, einen anderen zu lieben. Seine Homosexualität hatte er als Ältester von schließlich neun Geschwistern schmerzlich schon als Teenager entdeckt. Anfangs Prediger, wie David Baldwin, begann er zu schreiben.

Baldwin's Roman *Giovanni's Room,* die scheiternde Liebe zwischen zwei weißen Männern, *what kind of a life can two men have together?,*ist in Paris angesiedelt. Der Roman war 1957 in London erschienen, weil Baldwins amerikanischer Verlag ihn nicht drucken wollte. Ein schwarzer Autor schreibt über die Liebe zwischen zwei Weißen, Männern ... unmöglich! Es war einer der ersten schwulen Liebesromane und ein großer Erfolg. Erst Jahre später, in seinem Roman *Another Country,* triumphiert die Liebe der beiden Protagonisten über die Rassengrenzen.

In Paris, wohin er Richard Wright und anderen Künstlern aus New York gefolgt war, wird er krank. Er folgt der Einladung eines jungen Freundes, des Schweizer Malers Lucien Happersberger ins Chalet seiner Eltern in den Bergen in ein Dorf bei Davos. Hier erholt er sich und beendet den Roman *Go tell it on the mountain.*

Obwohl seine sexuelle Attraktion über die *colorline* geht, findet Baldwin keine glückliche Beziehung zu einem weißen Mann. Lucien Happersberger entzog sich Baldwins Wünschen und selbst Affären, wie F.J. Raddatz berichtet nach einem Abend in Hamburg, von Baldwin "angemacht ",*do you want to drive me home*?" liefen ins Leere, er wollte nicht mit ihm ins Bett.

War ein schwarzer Mann nicht gut genug? Das kränkte. Auch damals, in Greenwich Village, klagt er, hätten weiße Partnerinnen ihn nicht als Person sondern nur als Schwarzen behandelt und über die Größe seines Organs spekuliert. "*I grew tired of this ...*" Selbst Norman Mailer, der Protagonist von Baldwins Essay *The black boy looks at the white boy* hängt noch zu Baldwins Ärger am "Mythos der Sexualität der Schwarzen".
Dabei berichten weiße Frauen, dass ihre schwarzen Liebhaber oft eine sanftere Zärtlichkeit hätten. Immer wieder beschäftigt sich Baldwin bei der Zeichnung seiner Figuren mit den Problemen und dem Traum vom Zusammenleben und der Liebe zwischen schwarz und weiß.

Er hatte mit seinen Romanen *Another Country*, *Tell me how long the trains been gone* und der Essaysammlung *Nobody knows my name* großen, auch materiellen Erfolg. In New York schrieb er gut bezahlte Essays für die *Post, Times* und andere Zeitschriften. Er war berühmt, konnte seiner Mutter, deren letztes Kind geboren wurde, als der Vater starb, ein Haus kaufen und unterstützte die Familien seiner Geschwister. Von der Mutter und seiner jüngsten Schwester hat der Fotograf Richard Avedon Polaroids bei einem Besuch bei Baldwins Mutter gemacht.

Baldwin und Avedon hatten die gleiche High School in der Bronx besucht, Baldwin aus dem oberen, elenden Teil der 5th Ave. und Avedon aus dem feinen, südlichen Teil *downtown*. Beide hatten für die Schülerzeitung geschrieben. Als Baldwin Avedon zum ersten Mal zu Hause besuchte, wurde er vom *doorman* die Dienstbotentreppe zur Wohnung hochgeschickt. Die resolute Mrs. Avedon habe daraufhin den *doorman* heraufkommen lassen, ihm die Leviten gelesen, weil er ihren Gast nicht die Haupttreppe mit dem Lift hochgeschickt habe und ihn geohrfeigt, erzählte Avedon später.

James Baldwin und Richard Avedon

Für das gemeinsame Buch *Nothing Personal* schreibt Baldwin einen emotionalen Text, sehr poetisch, ohne Illusionen, fast resignierend. Er bezieht sich nicht auf ein einzelnes Foto sondern – in vielem mit Avedon in gemeinsamer Sicht – auf die amerikanische Gesellschaft.

Einfach menschlich sind seine Beobachtungen: Er fragt, wie es möglich sein könne, ein Kind aufzuziehen, ohne es zu lieben. Wie es möglich sei, für das Kind heranzuwachsen, wenn es nicht geliebt wird. Kinder könnten vieles entbehren, aber sie seien verloren, wenn sie nicht das Beispiel einer Liebe sähen. Aber auch "Bis hierher und nicht weiter" müsse der Vater sagen. Wenn Grenzen dem Kind nicht gezeigt werden, wird es sein Leben lang nach Grenzen suchen.

Hier spricht seine Erfahrung als Sohn in einer Familie mit vielen Geschwistern und auch Baldwins Überzeugung, dass ein Mensch nur von einem anderen gerettet werden kann.
Ganz kategorisch meint er, der Mensch habe kein Recht aus Gründen privater Seelennot sich das Leben zu nehmen. Jedes Leben sei mit dem Leben anderer verknüpft, und wenn ein Mensch aufgibt, wird mehr als nur ein Menschenleben aufgegeben.
Sein Schlusscredo: "Unser Vertrauen in die Erbschaft des Menschen ist alles, was uns bleibt. Das lernte ich, wenn ich tief in die Augen meines Vaters und meiner Mutter tauchte ... Man muss Ja zum Leben sagen und es umarmen, wo immer man es findet – und man findet es an schlimmen Orten ..."

Mit *Nothing Personal* wollte Richard Avedon 1964 über seine Mode- und Gesellschaftsporträts hinausgehen. So entstanden außer Porträts von Präsident Eisenhower bis Malcom X und der New Yorker Gesellschaft bei Hochzeiten und Festen auch Bilder der anderen Seite Amerikas: arme Kinder, martialische weiße Polizisten, Rassenfanatiker und junge Väter mit ihrem Kind auf dem Arm in Gegendemonstrationen für Gewaltfreiheit. Avedon fotografiert verschiedene Insassen zweier Nervenheilanstalten genauso wie Schrottautos entlang einer Landstraße.

Da Baldwin in New York zunehmend keine Ruhe auch vor den ständigen Besuchen von Menschen fand, die etwas von ihm wollten, zog es ihn wieder nach Paris und später in sein Haus in ruhiger Umgebung in St. Paul de Vence. Von seinem ersten Aufenthalt in Paris hatte er noch viele Bekannte, wie Yves Montand und Simone Signoret, die ihm halfen, sich dort anzusiedeln. Baldwin sprach gut Französisch. In seinem Haus besuchten ihn die Freunde und Mitstreiter Harry Belafonte, Miles Davies, Sidney Poitier und Ray Charles. Bis auf seine Nachbarn Montand und Signoret und dem treuen Freund Marlon Brando bestand die *color line* aber auch hier.

Seine Kritiker, auch *white liberal friends*, warfen ihm nun vor, in Frankreich nicht mehr in der amerikanischen Realität der Rassenkämpfe zu stehen. Als sich die Rassenfrage mit den Black Panthers und Malcom X in den 1960 Jahren zuspitzt, hält es ihn nicht mehr in Europa und er geht nach Amerika zurück. Baldwin hatte schon das Pamphlet *The fire next time* geschrieben über den scheinbar nicht überbrückbaren Rassismus der weißen Amerikaner und unterstützt nun den Kampf von Martin Luther King aktiv.

Spätestens nach einer Reise mit seiner Schwester nach Afrika - ein Auftrag für einen Essay – lehnt er vehement die These ab, die Afroamerikaner sollten ihre Identität aus ihren afrikanischen Wurzeln ableiten. Baldwin sah diese Wurzeln seit vielen Generationen in Amerika.

Marguerite Yourcenar, an einem Essay über *Negro Spirituals* arbeitend, kannte ihn aus der Zeit in Paris und übersetzte sein Drama *The Amen Corner.* Warum Schwarze zum gleichen Jesus Christus beten, wie ihre weißen Brüder, die sie jedoch so unmenschlich behandeln und unterdrücken, nur weil sie schwarz sind? Diese Frage konnte auch James Baldwin nicht beantworten.

Der haitianische Dokumentarfilmer Raoul Peck hat 2017 den Film *I'm not your negro* nach einem unvollendeten Text von Baldwin gedreht.

Es geht um die Bürgerrechtsbewegung und um die Ermordung der drei engen politischen Freunde Baldwins: Malcom X, Martin Luther King und Medgar Evers. Klar, aber hoffnungslos sieht Baldwin den Rassenkonflikt in Amerika. Er meint, es ginge weniger um das, was mit den Schwarzen passiert, es ginge mehr um das, was mit dem Land passiert. Das Rassenproblem sei kein Problem der Schwarzen, es sei ein Problem der Weißen, nach wie vor. Selbst Jesse Owens war 1936, nachdem Gewinn von 6 Goldmedaillen für die USA, nicht von Präsident Roosevelt im Weißen Haus empfangen worden, aus Rücksicht auf weiße Wähler in den Südstaaten.

Die Bilder von James Baldwins zarter Figur, sein großer Kopf und die noch größeren Augen bestimmen über weite Strecken den Film. Ein kämpferischer, aber trauriger Mann blickt einen aus den Porträtfotos an.

"Ich möchte ein aufrichtiger Mensch und guter Schriftsteller sein!", enden seine autobiografischen Notizen.

Melancholischer Süden

Truman Capote

Truman Capote wuchs ohne Vater und zeitweise auch ohne Mutter bei verschiedenen Verwandten in den Südstaaten Amerikas auf. Im Winter in New Orleans, im Sommer in Alabama und Georgia. "*My education has been rather do-it-yourself*". Mit fünfzehn brach er die Schule ab und ging nach New York, *my first and last regular job was with the New Yorker*, schrieb er später.

Seine Geschichten und Romane sind im Süden angesiedelt. Die Figuren in seinem Erstling *Other Voices, other rooms* (1947) und auch in *Grass Harp* (1951) waren mit Verständnis für ihre Absonderlichkeiten, ihre "*weirdness*", in den zerfallenden Herrenhäusern einer vergangenen Epoche in der dampfenden Landschaft beschrieben. Seine eigene konfliktreiche Kindheit, die früh geschiedenen Eltern, das unstete Leben bei den Verwandten, die ständigen Ortswechsel und die emotionale Heimatlosigkeit hat er in seinen Figuren thematisiert.

Capote nahm sein Leben früh selbst in die Hand, weil er mit *Other voices, other rooms* schon einen Bestseller hatte, der ihn finanziell unabhängig leben und schreiben ließ. Selbstbewußt sagt er: *"I have always lived the life I liked"*

Dazu sah Truman Capote blendend aus, sein Porträt auf den Buchumschlägen, und ein s/w Foto von Carl Van Vechten waren für Kritiker so kontrovers, wie die Figuren in den Büchern. Jungenhaft – androgyn- zeigen sie einen alterslosen Knaben.

Truman Capote (Carl Van Vechten)

Nach zwei weiteren Bänden mit Short Stories kam dann 1958 der Roman *Breakfast at Tiffanys.* Nun machte die Verfilmung mit Audrey Hepburn Truman Capote weltberühmt. Er selbst war mit der spektakulären Verfilmung angeblich nicht so glücklich, seine Protagonistin war ihm in Hepburns Interpretation ein wenig zu oberflächlich.

Capote hatte mit diesem Buch seine Südstaatenfiguren und die schwüle Atmosphäre hinter sich gelassen. Er war in New York und im Jetset angekommen. Er genoss das Geld, den Ruhm und die Gesellschaft, deren Mitglieder er in Artikeln für Magazine mit seinem scharfen Blick kritisierte. Gore Vidal meinte bissig, Capote habe sich mit viel Energie angestrengt dahin zu kommen, woher er, Vidal, sich mit viel Energie bemüht hatte rauszukommen. Capote veröffentlicht nun laufend Short Stories, Reportagen und Interviews. In *Music for Chameleons* zeichnet er ein entwaffnend ehrliches Porträt von Marilyn Monroe, die er *A Beautiful Child* nennt.

In Tokio zu Dreharbeiten für den Film *Sayorana* interviewte er für den *New Yorker* den gleichaltrigen aber scheuen, auch früh berühmten Marlon Brando – "ein Fürst in seinem Reich". Sie sprechen im Hotel beim Abendessen auf Brandos Zimmer. Sie sind gleichaltrig, aber sie harmonieren nicht. Immerhin lässt Capote Brando von seiner Kindheit erzählen: Vom zu engen aber dann zunehmend für ihn unerträglichen Verhältnis zu seiner Mutter, mit der er schließlich komplett gebrochen hat. Was bleibt sei seine Sehnsucht nach Liebe und Familie, trotz seiner bis dahin gescheiterten Beziehungen.

Große Debatten löste Capotes Reportage-Dokumentation *In Cold Blood* aus. Er hatte über vier Jahre lang einen mehrfachen Mörder über seine Tat in Abständen im Gefängnis interviewt, dazu Gespräche mit den Zeugen vor Ort in Kansas geführt. Daraus hatte er einen Reportage Text gemacht, einen Thriller, der ein neues Genre zwischen Tatsachenbericht und Fiktion begründete.

Immer offen homosexuell lebte Capote in lockerer Beziehung mit seinem zehn Jahre jüngeren Partner Jack Dumphy in New York. Obwohl er kein Aktivist der Schwulenbewegung war, galt er Jüngeren, wie Andy Warhol, als bewundertes Beispiel einer offen schwulen *celebrity*. Zu einigen Texten von Capote, machte Warhol Illustrationen.

Answered Prayers blieb Capotes letzter zu seinen Lebzeiten veröffentlichter Band von Essays. Die in der Zeitschrift *Esquire* vorab erschienenen Kapitel nannte die New York Times "*wildly obscene*". Am Ende seines Lebens war der einst so zarte und sensible Schriftsteller bissig und sarkastisch, und viele Freunde und *celebrities* waren von seiner Worten enttäuscht und verletzt. Capote starb 1984 mit 59 Jahren, Drogen abhängig, von Halluzinationen beherrscht, nur zeitweilig klar im Kopf.

Nach dem Tod von Jack Dempsy wurde ihrer beider Asche in einem Park in der Nähe von New York verstreut. Auf der Gedenktafel steht:
"The brain may take advise, but not the heart
And love having no geography knows no boundries."

Über 20 Jahre nach seinem Tod wurde das vollständige Manuskript eines unveröffentlichten Romans *Summer Crossing* entdeckt, den er als 19jähriger 1943 begonnen hatte. Die Geschichte eines 16 jährigen Mädchens, deren Eltern verreist sind, die allein durch New York streift, ihre ungeahnte Freiheit genießt und ihre erste Liebe mit einem jüdischen Jungen sucht.

Capote im gestreiften Hemd

Das handgeschriebene Manuskript war in einem Umzugskarton gefunden worden und angeblich von Capote zerrissen worden.
Nun wurde es 2005 posthum verlegt und ist damit der erste Roman Capotes noch vor *Other Voices Other Rooms.*

Tennessee Williams

Tennessee Williams aus den Südstaaten hat die Psyche und Seele der Menschen, die ihn umgaben, in seinen Kurzgeschichten und Dramen dargestellt und verdichtet.

Er wuchs in prekären Familienverhältnissen in Mississippi auf. Bei seinen Großeltern, einem Lehrer und späteren Priester und der Oma, einer Musiklehrerin, mehr in diesem Pfarrershaushalt, als bei seinen Eltern. Der Vater war als reisender Vertreter viel abwesend, die schöne Mutter, eine *Southern Belle*, neurotisch, manchmal hysterisch. Mit seiner kaum älteren Schwester Rose, die *mentally sick* war, bestand zeitlebens ein inniges Band, wie zu einer Zwillingsschwester. Der Vater hielt den Sohn für zu weich, *sissy*. Dieses Umfeld, zu dem auch Ozzie, die schwarze Kinderfrau gehört, ist der oft durchscheinende Hintergrund in seinen Stücken.

Aber auch Williams' Lebensthemen und Probleme spiegeln sich in seinen Figuren: Unsicherheit, Suche nach der gesellschaftlichen Stellung, Ausgrenzung, Alkohol, Drogen, Homosexualität und der "Schrei nach Liebe", wie sein späterer Freund Dotson Rader schreibt. Seine Schüchternheit machte ihm zu schaffen, schreibt Tennessee Williams in seinen *Memoirs* (1972), außer wenn er betrunken sei. Mit 23 Jahren war ihm endgültig seine Neigung zu jungen Männern klar, schreibt er. Da hatte er seinen Traummann Kip kennengelernt, der jedoch bald, mit 26 Jahren, an Krebs stirbt.

Sein Collegestudium konnte die Familie bald nicht mehr bezahlen. Nach vielen *ups and downs* und verschiedenen Jobs während der Depression der 1930 Jahre gelang es ihm, ein paar Gedichte und *short stories* in Zeitschriften zu veröffentlichen. Nach kleineren Erfolgen und einem *Fellowship* (Stipendium) für das Stück *Battle of Angels* hatte dann "Die Glasmenagerie", in deren Figuren Mutter und

Schwester angedeutet waren, in der Inszenierung von Elia Kazan in vielen Städten und am Broadway 1944 den großen Erfolg.

In der Kurzgeschichte *Portrait of a Girl in Glass* (1948) hatte er von seiner Schwester Rose erzählt. Sie wurde später einer psycho-neurochirurgischen Operation, einer "Leukotomie" unterzogen. Aber der Eingriff hat ihren Zustand verschlechtert.

Nach der *Glasmenagerie* folgte 1948 *A streetcar named Desire* (Endstation Sehnsucht). In der Verfilmung umgarnt Blanche (Vivian Leigh) den Mann ihrer jüngeren Schwester, einen ruppigen Kerl (Marlon Brando).

Im Stück sagt sie, "das Herz sei voller Windungen." Aber vor allem dreht es sich im Stück um die Illusionen der Figuren, sagt Williams im Gespräch mit Gore Vidal. Als Blanche Stanley im Bett mit einem Mann erwischt, zerbricht ihre Illusion, sie– statt der jüngeren Schwester– sei die Geliebte. "Unsere Illusionen sind alles, was wir haben."

Marlon Brando in “Streetcar named Desire” (Carl van Vechten)

Williams’ Stücke wurden nach dem Krieg auch in Europa auf dem Theater erfolgreich aufgeführt, die Drehbücher für die Verfilmungen meist von ihm selbst verfasst. Diese erfolgreichen Filme machten Williams noch bekannter und nach seiner entbehrungsreichen Jugend auch wohlhabend.

Das Stück *Sweet Bird of Youth* (1959) mit Geraldine Page und Paul Newman, eine traurige Geschichte von Liebessehnsucht, Alter und Scheitern, sah ich damals in New York

Wenig später (1961) spielt Vivian Leigh im *Roman Spring of Mrs. Stone* die vergebliche Hoffnung der reifen Lady für ein spätes Glück mit einem *latin lover*, im Film Warren Beatty. Das verstand ich als 21jähriger inzwischen besser.

In der "Nacht des Leguan", ursprünglich einer Kurzgeschichte, flieht eine ältliche amerikanische Touristin in Mexiko vor den Schreien eines gefesselten Leguan unter ihrem Motelzimmer zu einem Männerpaar am anderen Ende des Flurs. Im aufziehenden Tropensturm erfährt sie ihre unerfüllte Leidenschaft und der gefangene Leguan hat sich losgerissen und ist - wie sie - befreit.

Sie ist damit seelenverwandt mit Lady aus "Orpheus steigt herab", einer Figur die Williams für Anna Magnani schrieb, die auch Protagonistin in der "Tätowierten Rose" ist. Ähnlich wie die von Elisabeth Taylor gespielte junge Ehefrau in *Suddenly Last Summer.*

In den 1950 Jahren kam Williams wegen seiner Filmarbeit oft nach Rom und genoss das Leben dort, die *italianità* und auch die *vanità* auf der Via Veneto. Er arbeitete als Autor für amerikanische Filme, aber auch für Visconti und Fellini. Er fühlte sich wohl, sein junger *compagno* Frank Merlo mit seinen italienischen Wurzeln half ihm dabei. Tennessee hatte Anna Magnani für zwei Hollywood-Filme geholt, sie waren gut befreundet und sie verbrachten viele Abende in Rom zusammen mit ihr. Anna Magnani beeindruckte Tennessee mit "ihrer absoluten Selbstsicherheit, sie blieb menschlich und warmherzig und verlor in keiner Situation die Nerven", sie wurde ihm eine Muse und Freundin.

Frank Merlo war 14 Jahre fast bis zu seinem Tod 1963 der beste Freund und Partner von Tennessee. Der temperamentvolle Sizilianer hatte ihn dort auch seiner Familie vorgestellt - eine Geste, die bis heute absolute Tradition ist. Schon 1948 waren beide mit Paul und Jane Bowles zusammen nach Tanger gefahren, wo sich die Bowles niederließen. 1973 besuchte Tennessee Williams wieder Tanger und Paul Bowles.

Diesmal ist der junge marokkanische Autor Mohamed Choukri sein Führer und Gesprächspartner, hilft ihm ein Haus zu mieten und einen „hübschen Burschen“ zu finden. Dabei macht er sich Notizen, die er später als „Tennessee Williams in Tanger“ veröffentlicht.

Aber das mythische Tanger der 1940 und 1950 Jahre, die internationale Stadt, mit ihren Expats, mit André Gide und Genet hatte ihr Flair um das Zentrum, den Petit Socco mit seinen kiffenden Jungs verloren. Wir haben nur wenige Jahre später Tanger nur noch wenig faszinierend gefunden.

„Nur in Emmas Caroussell an der Strandpromenade gab's noch den Anflug von Flair. Die Gäste hatten sich mehr nach drinnen, ins gemütlich herausgeputzte Lokal fröstelnd wegen des kühlen Windes, zurückgezogen.

Die Gäste an den acht Tischen war auf den ersten Blick eine bunte Mischung, Touristen und Zugereiste, von denen sich viele kannten und ratschten.

Die Hyper-Blondine in den Mitfünfzigern und ihr Begleiter, der wohl eher wegen der hiesigen männlichen Jugend angereist war, sie schienen so wenig glücklich, wie die Familie am anderen Tisch keine war, wo die rüstige Großmutter verhärmt und im Rollstuhl über die Ex-Collegetochter und das quakende Enkelkind präsidierte. Und natürlich war auch eine Mrs. Stone aus Texas oder Oklahoma dabei, unverkennbar in ihrer gutturalen Muttersprache, die reiche amerikanische Witwe, hier erlebte sie wohl keinen römischen Frühling, eher einen Herbst in Tanger. Sie alle waren für eine kurze Zeit nicht krank oder kaputt, sie waren für zwei Stunden in Emma's Caroussell und bei Emma zu Gast, die sie mit gutem Essen verwöhnte, und fühlten sich nicht mehr allein. Emma war so Wirtin wie ihre Schwestern in Rom oder Berlin - “eine Seele von's Buttergeschäft”- mit dickem

Busen und weitem Herzen für die Einsamen, und das füllte ihr Leben aus. Flair mit Wärme, aber leicht gebrochen. Europa war schon sehr nah."

Tennessee Williams frühes expressionistisches Stück *Not about Nightingales* sahen wir erst vor zehn Jahren in Miami. Williams schrieb es 1938 vor dem Hintergrund von Depression und Arbeitslosigkeit als junger Autor mit sozialem Engagement. Das Stück wurde seinerzeit abgelehnt, nie gespielt und erst vor zwei Jahren von Vanessa Redgrave in Williams' Nachlass entdeckt und von ihr in London inszeniert. Das Stück beruht auf der Zeitungsmeldung einer Gefangenenrevolte. Es werden die Zustände im Gefängnis gezeigt, die schließlich zu Hungerstreik und daraufhin Folterungen durch den Gefängnisdirektor führen. Eindrücklich, anrührend der Aufschrei des jungen Williams gegen Arbeitslosigkeit, Korruption und Machtmissbrauch, sein Plädoyer für Menschenwürde, Gerechtigkeit und Liebe. Sein Herz schlug links, auch 30 Jahre später während der Studentenproteste gegen den Vietnamkrieg, aber er wollte nicht auf der Straße mit demonstrieren. Er sagte: „ich werde auf dem Papier marschieren."

Tennessee Williams Stücke werden heute wieder öfter gespielt. Das frühe Stück *Camino Real* (1946) und auch der „Mann mit der Schlangenhaut" in den Münchner Kammerspielen. Der Held verteidigt „Lady" gegen die Bösartigkeit der spießigen Kleinstadtgesellschaft. Der junge Mann wird als Ladys Liebhaber angepöbelt, ausgegrenzt und scheitert schließlich als Eindringling in die geschlossene Dorfgemeinschaft.

Marlon Brando in „Streetcar named Desire“

In Tennessee Williams Stücken gibt es kein Happy-end. Alle Figuren zerbrechen oder verlieren. Die Unausweichlichkeit ihres Geschicks, eine Naturkatastrophe, ein Feuer, ein Unwetter lässt sie zerbrechen, fast wie in einer griechischen Tragödie.

Williams zeichnet die Menschen mit großem Mitgefühl, auch die Männer, die an sich zweifeln, die meinen stark sein zu müssen, aber oft schwach sind und mit der von ihnen erwarteten Rolle hadern.

Im Winter zog sich Williams gern zum Arbeiten in sein Haus nach Key West zurück, das er schon 1949 gekauft hatte. Er kannte die Halbinsel schon seit Jahren mit ihrer Marine Basis und ihrem Klima von Akzeptanz und Toleranz. Er liebte das Schwimmen, den Strand unter Palmen und kaufte auch ein kleines Haus für Rose, die aber bald in eine Heilanstalt musste.

Hier war sein Süden, aber mit einer freieren Atmosphäre, die besonders von Gays geschätzt wurde. Von Key West sieht man die Atlantikküste im Osten und den Golf von Mexiko im Westen. Tropische Vegetation in jedem der winzigen Gärten, die die Häuser umgeben. Die Vielfalt des Immergrüns, die farbigen Blüten der Bäume und Sträucher stehen vor weiß gestrichenen Holzhäusern mit silbriggrauschimmernden Blechdächern. Den Häusern vorgelagert ist meist eine Veranda, in der Mitte der Eingang, rechts und links davon Sitzplätze mit Korbstühlen und manchmal eine Schaukelbank, auf der Scarlet O`Hara “vom Winde verweht” sitzen könnte.

Ernest Hemingway`s Haus in Key West hebt sich von diesem Normalzuschnitt schon durch seine Größe und die seines Gartens ab. Eine Villa, die allseitig durch einen eisernen Verandaumgang zweigeschossig umgeben ist. Hinter dem Haus hatten noch eine Cottage mit Arbeitsraum und ein Swimmingpool Platz. Enthusiastische Vestalinnen machen in zehn Minuten Abständen Führungen durch das Haus. Das männliche Pendant der Hüterinnen gibt dagegen nüchtern Fakten an: Hemingway hat von 1931 bis 1940 hier gelebt mit seiner zweiten Frau Pauline aus Paris, gebürtig in Arkansas. Zur Scheidung zog er aus und mit seiner neuen Frau nach Kuba.

Tennessee Williams wohnte bescheidener in einem einstöckigen Haus nur mit Frontveranda. Er bekam keinen Nobelpreis und so ist sein Haus auch nicht *National Heritage*. Hemingway und Williams trafen sich angeblich nie in Key West, sondern erst später auf Kuba, wo Hemingway einen Besuch bei Fidel Castro vermittelte, was Williams in seinen Memoiren dankbar erwähnt.

Tennessee Williams vor seinem Haus

Hemingway und Williams konnten wohl nicht viel miteinander anfangen. Tennessee Williams war diesem dampfenden, manchmal mysteriös-geheimnisvollen Süden als hier Geborener zugehörig, Hemingway hatte sich Key West nur zeitweilig als Aufenthalt gewählt. Er und seine Romanfiguren spielen eher die Rolle von heroischen Frauenhelden vom Typ der "harten Männer".
Williams hat seine Frauenfiguren einfühlend mehr als ein Vertrauter, ein großer Bruder gesehen – wie seine Schwester Rose. Ansonsten haben ihn die gebrochenen Männer, die unter ihren Prägungen und (homosexuellen) Neigungen litten, beschäftigt. Hemingway hat sicher auch an seinem Image gelitten, während Tennessee Williams offen seine Betroffenheit von männlicher Schönheit nicht in mehrdeutigen Bildern und Allegorien verschlüsseln musste. Er habe nichts zu verbergen, meinte er, trotzdem sei Homosexualität nicht das Thema seiner Stücke, es drehe sich um die menschlichen Beziehungen. Er versuche "auf irgendeine Weise das sich immer wieder entziehende "Eigentliche" des Daseins in den Griff zu bekommen", schreibt er in seinen *Memoirs*. Zu seiner Homosexualität, die er *deviation* nennt: Er sei durch sie ein tieferer, wärmerer und freundlicherer Mann, mehr *conscious* für die Nöte anderer, er habe mehr Kraft die Tiefe des menschlichen Herzens darzustellen, das müsse zum großen Teil an seiner *deviation* liegen. Alma aus *Summer and Smoke* sei diejenige Frauenfigur, die ihm am besten gelungen sei. "Sie schien einfach irgendwo in meinem Sein zu existieren," sagt er.

Ein Kritiker schrieb: Tennessee Williams' Offenlegung seiner Charaktere ist so genau wie eine Autopsie, nicht die eines toten Körpers sondern einer lebendigen Seele, mit der man Empathie haben muss, weil der Schriftsteller sie hatte.

Carson McCullers

Anfangs noch unschlüssig, ob ihre Begabung für eine von der Mutter geförderte musikalische Ausbildung reicht, entschloss sie sich zu schreiben. Einer Freundin hatte sie gesagt, sie wüsste schon seit sie fünf Jahre alt war, dass sie ein Junge sei. Sie verließ nach der High School ihre Familie in Columbus, Georgia und studierte nebenbei jobbend in New York.

Wunderkind ist eine frühe, autobiographisch grundierte Short Story. Das junge Mädchen, von seinem Geigenlehrer "Bienchen" genannt, ist fleißig bis zur technischen Perfektion. Aber als er von ihr all das verlangt, was in der Musik durch Imagination und Gefühl über Perfektion hinaus ausgedrückt werden soll, da gibt Bienchen fassungslos auf, weil sie das nicht spielen kann. Später sagt Carson McCullers einmal, "alle Figuren in ihren Geschichten kenne sie, diese Erfahrungen seien auch ihre."

Ihr erster Roman *The Heart is a lonely Hunter* wird gleich ein großer Erfolg. Die Charakteren aus der Kleinstadt im Süden zeichnen schon die Probleme ihrer späteren Bücher vor: Geistig krank sein, außer sich, Depressionen oder körperliche Behinderung, wie taub oder blind sein. Aber die Figuren zeigen auch, wie dies oft durch eine Stärke des Herzens, der des Mitgefühls ausgeglichen wird. Der stumme Protagonist ist Mittelpunkt und Hoffnungsanker für die unglücklich Beladenen des Orts.

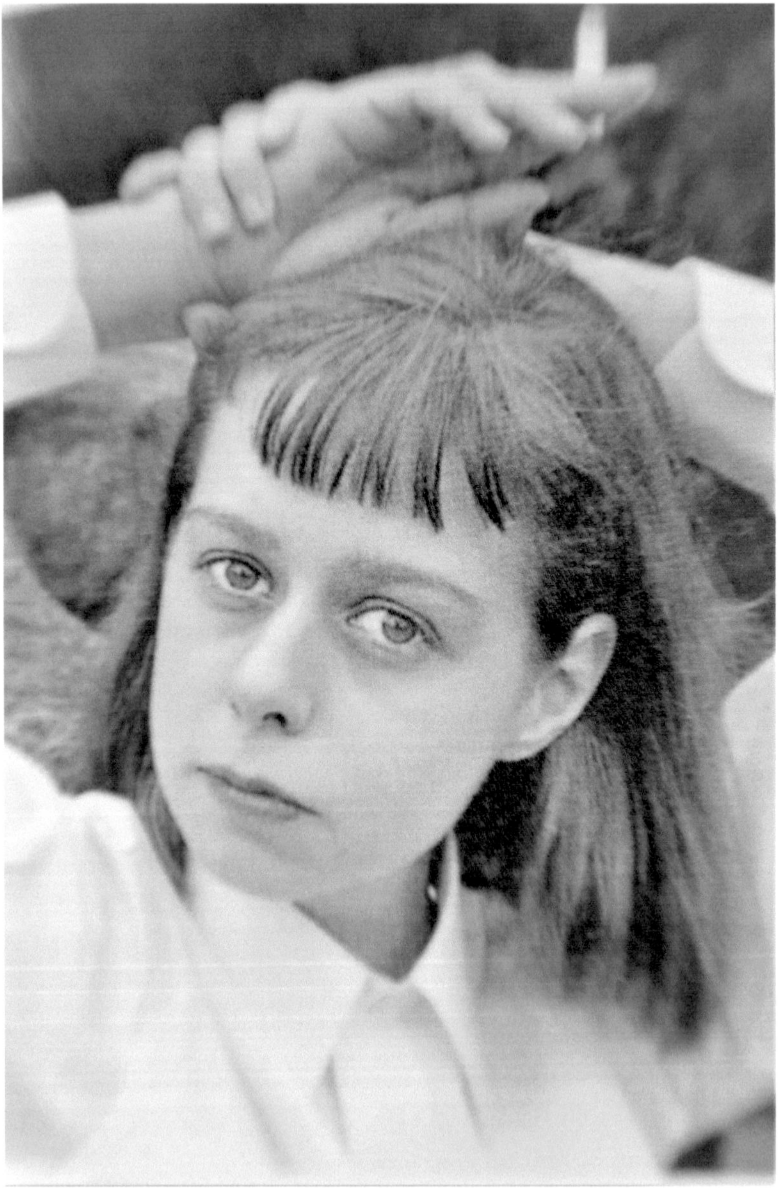

Carson McCullers 1940

In New York hat Carson ihren ersten Schlaganfall, nachdem sie schon seit Jahren unter rheumatischem Fieber litt. Nach überstandenen Sehstörungen schreibt sie weiter. Subtil zeichnet sie die Personen in ihrer Einsamkeit und Sehnsucht nach Liebe und einem Menschen, aber auch ihre Unfähigkeit diese Liebe zu erwidern oder zu empfangen.

Ihr zweiter Roman *Reflections in a Golden Eye,* angesiedelt im Frieden auf einer Militärbasis, thematisiert wieder diese "*loneliness and unrequited love*". Selbst ohne Liebe aufgewachsen, empfindet der Captain nur Hass. "*in his heart the Captain knew that this hatred, passionate as love would be with him all his life*". Hier ist es die Sehnsucht des Captain nach dem Gefreiten und die nicht erwiderte Liebe seiner Frau, an der er sich mit Brutalität an dem von ihr geliebten Pferd rächt.

Carson selbst hatte jung, als 20jährige, ReevesMcCullers geheiratet, der aber wie Carson auch Neigungen zum eigenen Geschlecht hatte. Sie zogen erst nach North Carolina, wo Reeves in einem Armycamp stationiert war, Hintergrund des Romans, aber bald nach New York, wo sie schrieben und studierten. Kurz darauf ließ sie sich von Reeves scheiden.

Nach einer Aussöhnung leben sie anfangs wieder zusammen, aber dann zieht Reeves zu dem Komponistenfreund David Diamond, mit dem Carson und Reeves vorher ein Dreiecksverhältnis hatten. Carson selbst war fasziniert von der Schweizer Reisenden Annemarie Schwarzenbach, mit der sie Liebesbriefe austauschte und von der sie sagte: "Sie hatte ein Gesicht von dem ich wusste, dass es mich für den Rest meines Lebens verfolgen würde".

Die Geliebte starb sechs Monate nach dem Treffen mit Carson in einer psychiatrischen Klinik in der Schweiz.

Ihre große Wohnung in New York ist bald eine Wohngemeinschaft, in der sich zeitweise vor den Nazis geflohene Expatriots wie

Klaus und Erika Mann, Benjamin Britten und Peter Pears, W.H. Auden und Christopher Isherwood treffen und aufhalten.

1942 beendet sie ihre Geschichte *"The Ballad of the sad Café"*. Darin betreibt die scheinbar kühl-rationale Miss Amelia ein vom Vater geerbtes, verschlafenes *general-store* an einer Landstraße. Mit dem Auftauchen ihres verwachsenen Cousins, den Amalia bald liebt, wird daraus ein florierendes Café als Treffpunkt. Als Amalias geschiedener, gewalttätiger Mann aus dem Gefängnis entlassen, zurückkommt, zerschlägt er alles und nimmt Amalias Liebe, den Cousin, mit sich fort. Erst 1959 dramatisiert durch ihren Freund Edward Albee, wird das Stück ein großer Erfolg.

Carson McCullers und Edward Albee

Mit Tennessee Williams in Key West arbeitet sie 1946 an einer Bühnenfassung ihres dritten Romans: *"The member of the wedding"*, die Geschichte der frühreifen 12jährigen Waisen Frankie, die enttäuscht ist, dass sie bei der Heirat des geliebten Bruders nicht mitgeheiratet wird und daraufhin ausreißen will. Nach dem Tod ihres Cousins gibt ihr die schwarze Nanny Bernice Halt und hilft ihr, eine junge Frau zu werden. Die autobiographisch angelegte Frankie und die schwarze

Nanny haben Entsprechungen mit ihrer eigenen Jugend und ihrer lebenslangen Freundin und Betreuerin Ida. Carson wohnt bei dem ihr seelenverwandten Williams in Key West ein paar Wochen, in denen sie zusammen arbeiten aber auch einen Ausflug nach Kuba machen.

1961 beendet sie ihren letzten Roman "*Clock without hands*" (Uhr ohne Zeiger). Wieder spielt das Geschehen in einer Kleinstadt in den alten Südstaaten mit ihrer die Schwarzen ausgrenzenden Gesellschaft. Diese wohnen in dem maroden Stadtviertel und sind die Dienstboten der Weißen im gepflegten Wohnquartier. Die Schwarzen besuchen getrennte Schulen, ein Zustand, den der Oberste Gerichtshof 1958 für verfassungswidrig erklärte und Bundestruppen in Arkansas die ersten schwarzen Schüler zur Schule begleiteten.

Im Roman kommt es zu Diskussionen und Konfrontation zwischen Jung und Alt, Schwarz und Weiß. Der von einem Schlaganfall behinderte Richter, ein heimlicher Anhänger des Klu-Klux-Clans und einem von Leukämie gezeichneten Drugstore Inhaber, dessen Leben abläuft, ohne dass er genau weiß wann: *"He glared about his numbered days. He was a man watching a clock without hands."*

Auf der anderen Seite stehen zwei Jungmänner: der Enkel Jester und sein schwarzer Freund Sherman. Jester teilt die Ansichten des Großvaters zur Rassentrennung nicht, will auch nicht als Kadett in die weiße Eliteschule West Point, sondern Anwalt werden, wie sein Vater, der Suizid beging. McCullers sagte, es ginge in dem Buch um *response and responsibility* der Menschen.

Ihr Roman war 1961 hochaktuell. Er schildert auch andere Ängste der konservativen Gesellschaft der McCarthy Zeit, die Furcht vor *socialism,* der Selbstinitiative lähme und Angst vor gemischten Liebesverhältnissen. Jester sagt: "*Grandfather, you talk like loving a Negro is like loving a giraffe or something.*"

Der von Jester heimlich verhalten geliebte, schwarz-blauäugige Sherman, ist - wie sich später herausstellt – ein Findelkind aus der Kirchenkrippe, dessen weiße Mutter im Kindbett starb. Der schwarze Vater, vor Gericht verteidigt vom Sohn des Richters, wird unschuldig zum Tod verurteilt. Im Verlauf wird Sherman von einer Bombe der Klu-Klux-Leute ermordet, weil er in ein weißes Wohnquartier gezogen war, unmöglich für die alte Südstaaten Gesellschaft.

Allein, die Zeit war schon weiter gegangen: in Washington hatte Marian Anderson bereits 1939 vor 75.000 Menschen auf den Stufen des Lincoln-Memorial gesungen, auf Initiative von Eleanor Roosevelt, weil sie im Lincoln Auditorium als Schwarze nicht auftreten durfte. Sherman träumt, Marian Anderson könnte seine Mutter sein. Damals saßen Schwarze noch hinten im Bus und es gab getrennte Trinkbrunnen bis in die 1960 Jahre. Vor diesem Hintergrund entwickeln sich trotzdem subtile Beziehungen zwischen schwarzen und weißen Menschen, wie sie Carson McCullers in ihrem Roman schildert.

Richard Wright, der Autor von *Black Boy* hatte von Carson gesagt, sie sei die einzige Südstaaten Schriftstellerin, die Neger und Weiße mit derselben Unbefangenheit behandelt.

Die *color line* war bei “Huckleberry Finn”, “Onkel Toms Hütte” und auch noch in Margret Mitchells “Vom Winde verweht” eine nicht in Frage gestellte Gesellschaftsgrenze. Wenn sie durch ein Liebesverhältnis überschritten wurde, der Gefahr, dass ein Tropfen schwarzen Bluts die Reinheit, *white supremacy* gefährdete, war selbst ein Lynchmord gerechtfertigt, wie in diesem Roman geschildert.

Trotz ihres frühen Ruhms “Über Nacht wurde ich zu einer etablierten literarischen Persönlichkeit, und ich war viel zu jung, um zu verstehen, was mir da geschah und welche Verantwortung damit verbunden war ...”, blieb sie Zeit ihres Lebens die physisch und psychisch zerbrechliche junge Frau, wie die Fotografien mit Freunden auch bezeugen. Die magere Figur mit dem Bubikopf, immer rauchend, nahmen die Freunde in den Arm.

Sie wurde von vielen geschätzt, auch von Tania Blixen, deren Erinnerungen *I had a farm in Africa* sie besonders mochte. Bei Blixens Besuch in New York lernten sich die beiden Frauen kennen. Carson hatte die hinfällige Blixen bewundert und auf deren Wunsch auch ihre gegenüber Intellektuellen schüchterne Freundin Marilyn Monroe mit ihrem Mann Arthur Miller zum Lunch in ihr Haus in Nyack eingeladen.

Angeblich habe Carson nach dem Lunch eine Platte aufgelegt und vorgeschlagen, zu dritt zu tanzen. Der Kuss, den Carson bei Tisch Marilyn auf die Wange gibt, spricht von Sehnsucht und Einsamkeit.

"Aber die Vorstellung, dass eine gebrechliche Schriftstellerin aus dem Süden, eine blonde Filmdiva und eine ältere dänische Erzählerin zusammen in Zuneigung und gemeinsamem Schmerz miteinander tanzen, ist ein anrührendendes, schönes Porträt", schreibt damals der junge Lokaljournalist Mike Hays.

Nach dem Tod erst des Vaters, dann der Mutter, dem Tod der Freundin Annemarie Schwarzenbach und dem Freitod von Reeves haben ihr die Bestärkung durch Freunde, deren liebevolle Verehrung und wohl auch der anhaltende Erfolg bei den Lesern Kraft gegeben, trotz ihrer immer schlimmer werdenden Lähmungen weiter zu leben.

Ihre skizzenhaften Memoiren *Illumination and Nightglare* konnte sie, vollkommen unbeweglich, nur noch mit Mühe diktieren, weil sie selbst kaum noch sprechen konnte.

Carson McCullers Kriegsbriefe (1944-1945) an den in Europa kämpfenden und verwundeten Reeves, die sie als fürsorgliche Partnerin zeigen, will sie in ihre unvollendete Autobiographie aufgenommen sehen. In diesen Erinnerungen berichtet sie von ihrer glücklichen Kindheit, der Freiheit, die ihr die Eltern ließen und der lebenslangen Solidarität, die sie von Mutter und Geschwistern erfuhr. Ihr Zuhause mit der schwarzen Nanny und ihre eigene Gebrechlichkeit haben sie geprägt.

Durch ihre eigenen seelischen und körperlichen Leiden konnte sie besonders empfindsam die Figuren in ihren Büchern zeichnen. Ihre und Reeves Depressionen hatte sie erlebt, die Suizidgedanken, Schlaganfälle und Lähmungen; ihr eigenes Leben gab ihr die Kompetenz mit Mut über die seelischen und physischen Nöte anderer Menschen glaubhaft zu schreiben.

Männer aus dem Midwest

William Inge

1913 geboren, wuchs Inge in einer Kleinstadt in Kansas als eins von fünf Kindern auf. In der Pension seiner Mutter wohnten drei kinderlose *spinsters*, die ihn sehr mochten.

Später schrieb er:
I was 4 years old. I sensed every woman's failure. I began to sense the sorrow and the emptiness in their lives, and it touched me.

Dieses Bekümmertsein von menschlicher, besonders weiblicher Einsamkeit und Not bleibt ihm und ist in allem, was er schreibt im Vordergrund.

Nach dem College, wo er Literatur und Drama studierte, arbeitete er als Zeitungsredakteur für den *St. Louis Star.* 1944 begleitet er Tennessee Williams nach Chicago, den er anlässlich der Aufführung der "Glasmenagerie" interviewt. Aus dem Treffen wird eine lebenslange, lockere Freundschaft. Bei einem späteren Treffen las Inge Williams aus seinem Stück *Come back little Sheba* so beeindruckend vor, dass dieser es seiner Agentin zur Aufführung empfahl. Das war der Beginn von Inges Erfolg als Theaterautor.

Wichtig für ihn, schreibt er, sei Williams' Rat gewesen, nicht Stoffe und fiktive Geschichten sondern in sich selbst das "Material" für seine Stücke zu suchen. So entstand Inge's *Farther off from Heaven* über seine eigene Familie.

Der hochgewachsene, gut aussehende Inge war homosexuell, aber blieb *closeted* . Dazu war er ständig von Unsicherheit, Angst vor Fehlschlägen und Misserfolg geplagt.

Im Dreiecksdrama *Come Back little Sheba*, erschlägt ein Alkoholiker beinahe seine Frau; in *Picnic* schildert Inge die Folgen der

Ankunft eines Vagabunden auf eine Gruppe Frauen. Beide Stücke hatten Erfolg am Broadway.

William Inge

Auch ein Jahr später *Bus Stop,* in dem eine Gruppe Menschen im Café einer kleinen Stadt in Kansas gestrandet ist, wird auf der Bühne und mit Marilyn Monroe verfilmt ein Erfolg. Inges Stücke nach seinen Drehbüchern wurden von Joshua Logan, Daniel Mann und Elia Kazan verfilmt und teilweise mit Oscars ausgezeichnet.

Der Regisseur Elia Kazan und seine Frau wurden gute Freunde, nachdem Kazan Inges *Splendor in the Grass* 1961 verfilmt hatte. Der Film war das Debüt für Warren Beatty. Er schildert das letztlich tragische Scheitern einer Liebe im puritanischen Kansas.

Kazan schreibt in seinen Memoiren *A Life,* dass Inges *gentleness* oft bis zur Selbstverleugnung ging. Im Gegensatz zu Arthur Miller, der in grenzenlosem Selbstwertgefühl zu Kazan und dem Ensemble sagte, sein internationaler Ruf stünde auf dem Spiel, wenn ihre Aufführung dem nicht entspräche.
Kazan schätzte Inges Stärke, normale aber unglückliche Menschen zu schildern, wie in *The Splendor in the Grass.* In dem Stück ist eine junge Frau gerade geheilt aus einer Nervenklinik entlassen worden und möchte die Liebe und Träume mit ihrem Jugendfreund fortsetzen. Aber sie muss entdecken, dass er sie und die Träume aufgegeben und inzwischen ein *plain wife* geheiratet hat. Inges Personen sind keine Helden oder Exzentriker – wie oft bei Tennessee Williams – sie sind ganz normale, unglückliche Menschen.

Im Vorwort zu einer Ausgabe dieser *Four Plays* zitiert er das Motto von Emely Dickinsen:
"Success is counted sweetest to those who never succeed"

Seine vier Stücke repräsentierten fast eine Dekade (die 1950 Jahre) in seinem Leben *"in which I managed to find some expression for my life and to find response. Maybe this is all that success means."*

Jedes Stück enthalte ein Grundelement vom Leben des Autors, sagt er. Wenn es abgelehnt wird, kann er nur auch sich selbst als abgelehnt empfinden, meinte Inge. Sein Selbstrespekt und seine Selbstliebe waren gering, dafür hatte er ein offenes Herz für *loners and loosers* und Menschen, die grundsätzlich unglücklich sind im Leben oder in der Liebe.

William Inge und Tennessee Williams

Mit seiner Homosexualität sei er nicht klargekommen, sagten Freunde, auch die enge, langjährige Freundschaft mit der Schauspielerin Barbara Bexley konnte ihm nicht helfen.

Er hatte schon 1950 einen Einakter *The boy in the basement* mit einem homosexuellen Protagonisten geschrieben, das Stück aber erst 1962 veröffentlicht. Im Stück *The dark on top of the stairs* mit nostalgischen Kindheitserinnerungen, passiert auch der unerwartete Suizid eines jüdischen Waisenjungen, der nicht wusste, wohin er gehört.

Inge lebte seit Ende der 1960 Jahre in Los Angelos und unterrichtete an der Universität. Er hatte schwere Depressionen, litt unter nicht genügender Beachtung der Kritik, trank, nahm Tabletten, war in psychiatrischer Behandlung und mehrmals in einer Nervenklinik.

Für seinen Freund Tennessee Williams blieb Inge ein *mystery.*
„Das Gesicht vorzeitig von Kerben verborgener Sorgen gezeichnet, von Schüchternheit und Einsamkeit", schreibt Williams in seinen Memoiren. In Interviews mit Inge gäbe es keinen Hauch von Vulgärem, sie seien vielleicht etwas unpersönlich, aber nachdenklich und bescheiden. Jahre später, 1978, erzählt Williams in einem "Gay Sunshine" Interview, Inge habe auch ein homosexuelles Leben gehabt, einmal nachts sei er betrunken zu ihm und seinem Freund ins Bett gekommen.

Nachdem Inge viele Stücke und oft die Drehbücher für die Verfilmungen geschrieben hatte, veröffentlichte er Anfang der 1970 Jahre zwei Romane.

Good luck, Miss Wyckhoff thematisiert am Schicksal einer ältlichen Lehrerin Ausgrenzung, Rassismus und Erniedrigung.
Sie hatte sich aus Torschlusspanik in der Schule dem neuen farbigen Hausmeister hingegeben und wird daraufhin in Schande entlassen. Der Stoff wurde 1979 verfilmt.

My son is a splendid driver mit autobiographisch gefärbtem Hintergrund, schildert aus der Sicht des sich von der Mutter zurück gesetzt fühlenden jüngeren Bruders gegenüber dem älteren *splendid driver* das schwierige Verhältnis in der Familie. Als der ältere Bruder die Freundin des Jungen verführt und schwängert und dann die Familie verlässt, nimmt sich das Mädchen das Leben. Inge schrieb das Drehbuch für die Verfilmung *All fall down* (Mein Bruder, der Lump) mit dem jungen Warren Beatty.

Viele Schauspielerinnen sagten, sie fühlten sich generell von Inge gut verstanden, so wie er ihre Rollen schrieb und ihre Gefühle ausdrückte.

"Ein Suizid käme immer unerwartet", schreibt Inge. "Im erneut Erkunden des Charakters finden wir mögliche Motivationen, die wir vorher übersehen hatten."

Inge's Abhängigkeit vom Lob der Kritik beziehungsweise dem Misserfolg blieb. Als seine letzten Stücke wenig gute Kritiken hatten, fiel er nach einem Aufenthalt in einer Nervenklinik in tiefe Depression. *"Aloneness is like a corridor that has no end"*

1973, im Alter von nur 60 Jahren, nahm er sich mit einer Überdosis von Tabletten und Alkohol das Leben.

Tom Spanbauer

1946 auf einer Farm in Idaho in eine katholische Familie hineingeboren, ging er nach Schulzeit und Studium mit dem *Peace Corps* zwei Jahre nach Kenia. Nach der Rückkehr 1978 verließ er Idaho *for good*, lebte in Key West, San Francisco und New York, um sich dann in Portland, Oregon niederzulassen.

In seinem ersten Roman *Faraway Places* erlebt der dreizehnjährige Jacob einen Sommer, der in dem Jahr schon im Februar mit einem heißen Sturm, dem *Chinook*, beginnt und ihn und alles in seiner Welt verändern wird.

The Chinook was no friend; it was the name for the strange wind blowing. And by November everything that had been stirred up and blown around by that Chinook was all settled back down again. And all was finished up.

That woman Sugar Babe was dead, and Mr. Endicott was dead next, and the nigger was dead ... Between the drought and that year of the Chinook, by November we were all finished up too – let go of it, unlatched. The house got burned down, the barn too,
... and most of our stuff, and we lost the farm for good.

(Der Chinnok war kein Freund, es war der Name für den eigenartigen Windsturm. Bis November war alles auf- und herum gewirbelt bis der Chinnok alles wieder zurück gesetzt hatte.

Die Frau Sugar Babe war tot, und Mr. Endicott war tot und der Nigger war tot. Von der Dürre und diesem Jahr des Chinnok, bis November waren wir alle auch fertig- ließen alles hinter uns, ungebunden. Das Haus brannte ab, auch die Scheune und fast alle unsere Sachen, wir verloren die Farm endgültig.)

Eines Tages, als Jacob verbotenerweise zum Fluss geht, sieht er die drei Menschen, von denen er sich fern halten soll: Sugar Babe, die Bedienung in einer Arbeiterkneipe, Mr. Endicott, den Grundbesitzer und Geldverleiher, der Jacobs Familie die Farm verpachtet hat und den Nigger, mit dem Sugar Babe in einem Unterstand am Fluss lebt.

I heard a woman scream. I ducked down and looked over that way – the way of the scream – and I saw that woman Sugar Babe come flying out the backdoor of the lean-to and land on the ground, ... with only her brassiere and her panties on.

She came flying out the back door because he had hit her. Endicott had hit that woman Sugar Babe ... He came out the door right after her. She managed to get up and then Endicott hit her again. She was screaming and then she fell in the dirt ... Then he kicked her in the stomach and went to kick her again, when suddenly the nigger jumped on him from behind ... The men struggeled like that for a long time both yelling terrible ...then I saw Endicott put the wistle into his mouth ... there was a high-pitched sound...an awful other-wordly sound and then those hell-hounds, his Dobermanns came ... and jumped on that woman Sugar Babe and the nigger ...

I dived and swam down river and as I swam, as I ran and ran I could hear them .. .the hellhounds, the sceams of that woman, the screams of the nigger and what he was calling out to her to that woman Sugar Babe.

Mother, *he was calling out to her.* Mother *is what the nigger was screaming out to Sugar Babe, to that woman.* Mother, Mother.

(Ich hörte eine Frau schreien. Ich duckte mich und sah rüber, woher der Schrei kam- sah diese Frau Sugar Babe aus der Hintertür des Verschlags fliegen und auf dem Boden landen – sie hatte nur ihren Büstenhalter und ein Höschen an. Sie flog aus der Tür, weil er sie geschlagen hatte ... Endicott hatte die Frau Sugar Babe geschlagen. Er stürzte gleich hinter ihr heraus. Es gelang ihr, aufzustehen und da schlug sie

Endicott wieder. Sie schrie und er stieß sie in den Dreck. Dann gab er ihr einen Fußtritt in den Leib und wollte wieder nach ihr treten, als plötzlich der Nigger von hinten auf ihn sprang ... Die Männer rangen eine Weile laut schreiend ... dann sah ich Endicott die Trillerpfeife in den Mund nehmen ... und die machte einen ganz schrillen Ton ... einen fürchterlichen, übernatürlichen Ton ... und dann kamen die Höllenhunde, seine Dobermanns und sprangen auf die Frau Sugar Babe und den Nigger.

Ich tauchte unter und schwamm flussabwärts und während ich schwamm und dann am Ufer rannte und rannte hörte ich sie - die Höllenhunde und die Schreie der Frau, die Schreie des Niggers und was er zu der Frau Sugar Babe schrie. "Mutter!", *rief er ihr zu ...)*

Als Tage später die Zeitung schreibt, dass diese Indianerfrau, Sugar Babe, nackt im Fluss treibend gefunden wurde, nach Tagen, als nicht mehr viel von ihr übrig war, und dass der Nigger, der sie wohl getötet hatte, verschwunden sei, da widerspricht Jacob seinen Eltern:

"The nigger didn't kill her, I know it, I saw it, it was Endicott who did it. She was the nigger's mother. That's what the nigger called her when the dogs was on them."

(Der Nigger hat sie nicht getötet, ich weiß es, ich habe gesehen, dass es Endicott war. Sie war die Mutter des Nigger. So hat der Nigger sie gerufen, als sie unter den Hunden lag.)

Jacob sucht den verschwundenen Nigger beim jährlichen Familienausflug zum *Blackfoot State Fair* in der nächsten Stadt. Allein herumstreifend, findet Jacob den Nigger als Indianer wieder mit bunten Glasperlen und Federn und erzählt ihm, was er gesehen hat.

Daneben macht er seine schmerzliche, schöne Erfahrung, von der er nicht mehr lassen kann, obwohl er alles sonntags in der Kirche beichten muss.

August that year was hot ... The sugar beets, and the potatoes were half the size and the garden vegetables were a disgrace and the wheat that should be as tall as you are, my father said. But this year they were knee-high maybe even shorter.

I was like those hot nights, too ... Burning up, thunder and lightning shooting up to my brain, me in bed sweating then staining things yellow ... I wanted to stop – stop yellowing things up – because it was a mess and a sin and I had to count the times and tell Monsignor Canby in Church about every occasion ...
But I just couldn't stop the yellowing or the counting neither, I couldn't let up, just like the sun couldn't that August.

(Der August in diesem Jahr war heiß ... die Zuckerrüben
und die Kartoffeln waren nur halb so groß und das Gemüse war ein Jammer. Und der Weizen, der so groß wie ich sein sollte, sagte mein Vater, war nur kniehoch oder sogar kürzer.

Ich war auch so wie die heißen Nächte ... verbrennend, Blitze und Donner gingen durch mein Gehirn. Im Bett schwitzend und gelbliche Flecken machend ... ich wollte aufhören Flecken zu machen, weil es eine "mess" war und eine Sünde und ich musste zählen, jedes Mal musste ich in der Kirche Monsignore Canby berichten.
Aber ich konnte nicht stoppen die Sachen gelb zu beflecken und die Male zu zählen. Ich konnte einfach nicht aufhören zu brennen - wie die Sonne in diesem August.)

Nachdem die Eltern die Pacht an Endicott wegen der Dürre nicht zahlen können verliert die Familie die Farm – ihr Zuhause.

Am Fluss kommt es zum "*showdown*", dem Kampf zwischen dem Vater und Endicott, an dessen Ende der Indianer Geronimo - der Nigger - nun als Indianer mit seinem Pfeil Endicott tötet und ihm den Skalpell abzieht. Am nächsten Morgen hängt- umgebracht von den Klu-Klux-Klan Freunden Endicotts- der Körper des Nigger am Galgen in der Scheune.

Mit zwei Koffern - nur mit den *bare essentials* - fahren Jacob und die Eltern mit dem Oldsmobile davon, nachdem sie den Nigger auf dem Hof beerdigt und danach Haus und Scheune mit Benzin in Brand gesteckt hatten. Im Rückspiegel sieht Jacob nur noch lodern-des Feuer und schwarzen Rauch.

In dem Beitrag *"Being Queer in Idaho"* schreibt Tom Spanbauer für "*Nailed Magazine*" 2013:

"Fast alles, was ich geschrieben habe hat etwas mit Idaho zu tun. Wenn nicht direkt, so doch indirekt, zumindest wenn ich mein Leben, die Familie und wie ich heranwuchs betrachte. Schließlich passierte alles in Idaho, weit weg von der Stadt, Pocatello, auf einer 160 acres großen Farm. Meine glühend gläubige katholische Mutter, mein *distant dry- drunk* Vater, eine ältere Schwester, die mich wie ein Mädchen herausputzte bis ich zur Grundschule kam in einer Mormonen Gemeinde ...

Ich denke auch, dass ein Gefühl des Andersseins und der Isolation, das sich in meinem Werk findet, auch seine Wurzeln in Idaho hat.

Ich habe immer versucht herauszufinden, wie andere Leute handeln und warum sie so handeln, um sie zu verstehen.

Natürlich hat das viel mit dem *gay* sein zu tun. Aber "*gay*" gab's eigentlich nicht, als ich aufwuchs in den 1950'. Wenn man am Donnerstag grün trug, war man *"queer"*, aber ich wusste nicht, was "*queer*" war. Ich wusste, so war ein Mann, der Sex mit Männern hat, aber diese Vorstellung war vollkommen fremd für mich. In meiner

Jugend wollten Jungs mit mir Sex haben, aber ich war so katholisch, dass ich glaubte *jedwedes Sexuelles* ist Todsünde.

Ich war isoliert in einer Familie, die Sex hasste, umgeben von Mormonen, die glaubten, die Jungfrau Maria, deren Figur auf unserem Dachgiebel mit Beleuchtung stand, sei eine römische Hure. So war ich weit weg von jeglicher Quelle, die Licht in mein Dilemma gebracht hätte.

Ein weiterer Teil meiner "*Idaho-ness*" war das in eine deutsche Farmerfamilie hineingeboren zu sein. Arbeit war so wichtig wie Religion. Ich durfte einmal – zu meiner Überraschung- zu einer Geburtstagsparty gehen und war erstaunt, meine Altersgenossen am Pool toben zu sehen. Zu Hause musste ich den ganzen Sommer im Heu arbeiten und stahl mich manchmal weg, um im Kanal zu schwimmen, immer mit der Furcht, man könnte mich "faul" erwischen.

Dann gibt es da noch das Thema Rassismus ... man kann nicht über Idaho sprechen und nicht vom Rassismus reden.

Die Farm meiner Eltern grenzte an die *Fall Hall Indian Reservation.* 22 Jahre wuchs ich neben ihnen auf, ohne sie wirklich "zu sehen". Sie waren immer zu vielen in alten Autos und als "*drunks*" gezeichnet. Meine Mutter verschloss die Wagentüren, wenn wir die Straße durch Fall Hall zu meinen Großeltern in Blackfoot fuhren. Erst nach meiner zweijährigen Verpflichtung in Kenia begann ich, die *native people* um mich herum wahrzunehmen.

Und dann waren da die mexikanischen *migrant workers.* Meine Familie hatte zehn oder zwölf Mexikaner in einem Zweiraum Haus neben dem Futtersilo untergebracht. Obwohl sie katholisch waren blickten meine Eltern auf diese Menschen herab, bezeichneten sie als *dirty and ignorant.* Dies waren die einzigen Menschen um mich herum, natürlich waren einige der jungen Mexikaner Jungen und Mädchen meine besten Freunde.

Aber trotz dieser "*weirdness*" in den 1950 Jahren auf dem Land in Idaho aufzuwachsen, muss ich sagen, wenn ich abends die eine Meile zu unserem Haus ging, nachdem ich die Bewässerung umgestellt hatte– den langen, einsamen Weg beim *sunset* über die staubigen Feldwege durch die Zuckerrüben- und Kornfelder, das war etwas, was einem Wunder nahe kam. Wirklich, diese Verbindung, zum Himmel, zur Erde und zum Wasser machte in mir das Gefühl mit dem tiefen, ewigen Mysterium verbunden zu sein.

Idaho, so ein *enigma.* Aber ist das nicht das, was *home* ist?

Ein schlimmer Ort, an dem dein Herz singt."

Faraway Places war also ein sehr komprimierter Einblick in Tom Spanbauers eigene Familie und seine Kindheit in Idaho.
Sein zweiter Roman, *The man who fell in love with the moon* zeigt die Lebenswelt der Indianer, der *native people,* heiter und lebensklug, ehrlich und unverblümt auch in den vielseitigen Varianten der Sexualität. Er spielt in der gleichen Gegend Idahos um den Beginn des 20. Jahrhunderts, als viele Mormonen aber noch mehr Indianerstämme dort lebten. Die Weißen hatten das Sagen: Sheriffs, Farmer, Cowboys und Geistliche.

Erzähler ist der Waisenjungen Shed, der versucht seine Herkunft, Vater und Mutter unter den verschieden Indianergruppen zu finden. Er wächst in dem Saloon-Hotel-Bordell von Ida Richilieu auf, bald ist er der Liebling der dort beschäftigten Mädchen und macht auch selbst Liebesdienste für spezielle Kunden mit speziellen Wünschen, auch Mormonen Männer und katholische Geistliche.

First thing I learned I learned by my own self..., my own first truth was this: fucking was the same way as with everything else – what you thought you were doing was not not what you were doing. What you thought you were doing was sucking and penetrating and kissing, holding and ejaculation. First off, thing is, you got to know you got a story. Then you got to have to tell it. Knowing how to tell your story good is important but the secret of good fucking is how well you can listen. Fucking only gets good when the two stories start being the same story- the human-being sex story – when the two bodies stop being two bodies and start being the big excruciating, the one heart beating.

(Die erste Sache, die ich lernte, lernte ich ganz allein ... meine eigene erste Erkenntnis war ... Mit ficken ist es genauso, wie mit allem anderen_- was du denkst du tust, war nicht das, was du wirklich tust. Was du dachtest du tust, war lutschen, eindringen und küssen, umarmen und ejakulieren. Erstens must du wissen, dass du eine Geschichte hast. Dann musst du sie erzählen. Eine Geschichte gut erzählen ist wichtig, aber das Geheimnis gut zu ficken ist, wie du zuhören kannst. Ficken wird nur gut, wenn die beiden Geschichten beginnen – die menschliche Sexstory – wenn beide Körper aufhören zwei Körper zu sein und die Qual desselben, einen schlagenden Herzens beginnt.)

Shed erfährt, was ordinäre Flüche bedeuten, als er mit seinem Mentor Dellwood Barker aus dem Schlaf vom Sheriff Ronald R. Blumenfeld geweckt wird.

When I woke up I was wishing I was back to sleep. In front of my eye, just beyond Dellwood Barker's nipple was Sheriff Ronald R. Blumenfeld.
"Shit-smelling Injun is a cocksucking Injun too, huh?"
the Sheriff said. Although my head lying on Dellwood Barker had only to do with heart-listening and not with cocksucking.
"Obscene perverts", the Sheriff said.
O _ B _ S _ C _ E _ N _ E , Dellwood Barker spelled. "Means something that gives you a hard-on when you hate hard-ons."
P _ E _ V _E _ R _ T , he spelled, "Means being different, - meaning not being Ronald R. Blumenfeld.

„(Als ich wach wurde wünschte ich mir, noch weiter zu schlafen. Vor mir, gerade hinter Dellwood Barkers Nabel, war Sheriff Ronald R. Blumenfeld.
„Schitt-stinkender Indian'ist auch ein Schwanz lutschender Indian', heh?", sagte der Sheriff. Obwohl mein auf Dellwood Barker liegender Kopf nur mit seinem schlagenden Herzen zu tun hatte und nichts mit Schwanz lutschen.
„Obscene Peverts", sagte der Sheriff.
O-B-S-C-E-N-E, buchstabierte Dellwood Barker meint etwas, das dir einen Ständer macht, wenn du keinen Ständer haben willst.
P-E-V-E-R-T, buchstabierte er bedeutet anders zu sein, also nicht so wie Ronald R. Blumenfeld.)

Als der Sheriff sie in sein Office bringt, kniet Dellwood Barker vor dem Sheriff, knöpft seine Uniformhose auf, und als der sich abwendet, sagt Dellwood Barker:

"Come on, Sheriff, we've done that before, you cant stop now!"
Then what I saw, I couldn't believe what I saw: Dellwood Barker being an obscene pervert-doing the best job of cocksucking my good eye had ever seen

("Gib zu, Sheriff, das haben wir doch schon mehrmals gemacht, das kannst du jetzt nicht stoppen!" Dann sah ich, was ich kaum glauben konnte: Dellwood Barker, der obszöne Perverse machte den besten Blow-job den mein Auge je gesehen hatte.)

Bevor die fünf Wisdom-Brothers, eine schwarze Gospelgruppe in Idas Saloon auftreten, erlebt Shed die humane Philosophie seiner "adoptierten" Familie:

Negroes were something else that Dellwood Barker and Ida Richilieu agreed on. Both of them believed that all human beings were created equal- like it says in the Constitution of the United States of America- that is except for Mormons. Ida believes that Mormons weren't human beings –along with most Catholics, and some of her own people, the Jews, and maybe some Baptists because, as Ida put it, most religious people had given up their right to being human beings by claiming they had the God's truth and nobody else had any truth.

(Neger waren etwas, worüber Dellwood Barker und Ida Richelieu übereinstimmten. Beide glaubten, dass alle menschlichen Wesen gleich erschaffen wurden – wie es in der Verfassung der Vereinigten Staaten steht – das heißt bis auf die Mormonen. Ida glaubte, Mormonen seien keine Menschen – genauso wie die meisten Katholiken, und vielleicht einige ihrer Leute, Juden und einige Baptisten, weil – wie Ida sagte – die meisten religiösen Leute hatten ihr Recht Menschen zu sein aufgegeben, weil sie behaupten Gottes Wahrheit zu besitzen und niemand sonst hätte irgendeine Wahrheit.)

Shed freundet sich mit einem der Wisdom-Brothers, *Blind Jude*, an und erfährt von ihm, wie anders die Behandlung der Schwarzen durch Ida ist. In der Nacht schläft er mit *Blind Jude*.

"Here in Ida's place, she gives us a bed to sleep in her hotel, we use the same toilet the white folks use, white folks at the same table with us, we share the same whiskey and we share the smoke- and that's good and that is new to me and my brothers.
And something else, too. People see my brothers and me- we ain't each of us a person- we just a load of black bulls come here to breed. Nobody's seen past we just something peculiar to fuck.
I put my hands on Blind Jude's hands, looked at him the way the first time he had looked at me. Put my lips onto his lips, holding him close, all that night. Never held a human being so close to me, bodies together, held Blind Jude, face to face, arms within arms, legs wrapped, my dick

and balls up against where his used to be, us one breath in out, one heart beating.

(Hier in Idas Haus gibt sie uns ein Bett zum Schlafen in ihrem Hotel. Wir benutzen die selbe Toilette, die die Weißen benutzen. Weiße Leute am selben Tisch mit uns. Wir teilen uns denselben Whiskey, denselben Tabak – das ist toll, und das ist neu für mich und meine Brüder. Und noch etwas: Leute woanders sehen mich und meine Brüder nicht als einzelne Menschen, für die sind wir eine Ladung schwarzer Zuchthengste. Niemand schaut tiefer, wir sind nur was Besonderes zum Ficken.
Ich legte meine Hände in Blind Judes Hände und sah ihn an, so wie er mich das erste Mal angesehen hatte. Legte meine Lippen auf seine Lippen und hielt ihn umschlungen, die ganze Nacht. Hatte noch nie einen Menschen so eng umschlungen gehalten, die Körper aneinander, hielt ich Blind Jude, Gesicht an Gesicht, Arme und Beine verschränkt, mein Glied und die Hoden dort, wo seine mal waren, wir beide ein Atemzug, ein Herzschlag.)

Tom Spanbauer zu Hause in seinem Blog

In diesem Roman, an dem er vier Jahre geschrieben hatte, leuchtet er die Fragen von sexueller Identität und Rasse selbstverständlich und wertfrei aus. Er zeigt, wie Menschen "sich selbst eine Familie schaffen, die uns hilft die Grenzen zu überwinden, die uns die eigene Familie, in die wir hineingeboren wurden, gesetzt hat. Das war eine schwere Geburt", sagte Tom Spanbauer, der inzwischen in New York als Bauleiter arbeitete und abends im Graduate Programm der Columbia Universität studierte.

Die New Yorker Jahre finden ihren Niederschlag in *"In the City of Shy Hunters"*. Spanbauer selbst hatte nach Heirat und Scheidung sein gay-sein entdeckt und läßt seinen Helden aus der Provinz ins New Yorker Leben tauchen. Er verliebt sich in eine Dragqueen Rose, einen kranken Afroamerikaner, und erlebt nach kurzer Zeit die Härte von Aids.

The second Monday, when I went to work, Chef Som Chai asked me back into the kitchen. He was cutting lamb shanks. Blood all over his apron. The kitchen was loud and bright as ever, but when I looked around, no one was working, everyone was looking at the chef and me.
Chef Som Chai's breath in. His breath out.
So sorry to tell you, Chef Som Chai said. But I must tell you, Walter, the waiter has died. AIDS, Chef Som Chai said.
The next Wednesday, in the employees' dressing room, the Kung Fu Salat guy came to the door, walked up to me and put his hands on my shoulder. So sorry to tell you, he said, but I must tell you. Davey Dearest died last night.
The next Monday the chef waited until after work. I was sitting with my Heineken on the banquette when Chef Som Cai set a bottle into the ice bucket next to me. He said down and Darin, one of the new waiters, opened the bottle for us.
Such hard times, he said. So much death. We learn many things in hard times.

The chef and I clinked glasses to learning new things in hard times.
So sorry to tell you, Chef Som Chai said, but I must tell you. Daniel, the boss' brother was not on vacation, and Mack Dickson was not in Florida. Unfortunately, the chief said, both of them died yesterday. Same day. Different hospitals.
Where's Joanie? I asked. Dead, the chef said. She shot herself.

Mack Dickson's memorial service was on Staten Island in a white house with a wide porch. His mother and father were old, old-country-old, all in black. Big old black shoes. They sat on folding chairs, holding hands. On the Dicksons' mantel next to Christ hanging on a cross surrounded with carnations and roses, was a photo of these three of them: Mack Dickson, Walter, Davey Dearest. The three young men in soccer drag, their arms about each other, male friends, mates, healthy young Americans.
Such a small photograph. Such a large room.
(Am zweiten Montag, als ich zur Arbeit kam, rief mich Chef Som Chai zurück in die Küche. Er zerteilte Lamm. Blut auf seiner ganzen Schürze. Die Küche war laut und hell wie immer, aber um mich schauend, bemerkte ich, dass niemand arbeitete, sondern alle auf den Chef und mich sahen.
Chef Som Chai atmete tief ein und dann tief aus.
Es tut mir so leid, sagte Chef Som Chai. aber Walter, der Kellner ist gestorben. AIDS, sagte Chef Som Chai.
Am nächsten Mittwoch, im Umkleideraum der Angestellten, kam der Kung Fu Salad Koch herein, kam zu mir und legte seine Hand auf meine Schulter´.
Es tut mir so leid, aber ich muss dir sagen, Davey Dearest ist letzte Nacht gestorben.
Am nächsten Montag wartete der Chef bis nach Arbeitsschluss. Ich saß mit meinem Heinecken am Tresen und Chef Som Chai tat eine Flasche in den Eiskühler neben mich. Er setzte sich und Darin, einer der neuen Kellner, öffnete die Flasche für uns.

Schlimme Zeiten, sagte er, so viel Tod. Wir lernen vieles in harten Zeiten. Der Chef und ich stießen an, Neues in harten Zeiten zu lernen.
Es tut mir sehr leid, dir sagen zu müssen, Daniel, der Bruder des Bosses war nicht im Urlaub und Mack Dicksin war nicht in Florida. Unglücklicherweise, sagte der Chef, starben beide gestern. Gleicher Tag. Verschiedene Krankenhäuser.
Und wo ist Joanie?, fragte ich.
Tot, sagte der Chef, sie hat sich erschossen.

Mack Dickson's Trauerfeier war auf Staten Island in einem weißen Haus mit einer großen Veranda. Seine Mutter und Vater waren alt, old-country alt, ganz in schwarz. Große alte schwarze Schuhe. Sie saßen in Faltstühlen, Händchen haltend.
Auf Dicksons Kaminsims, neben einem Christus am Kreuz umgeben von Nelken und Rosen war ein Foto von allen Drein:
Mack Dickson, Walter, Davey Dearest. Die drei jungen Männer in ihren Soccer Trikots, ihre Arme umeinander geschlungen, Männer-Freunde, blühende junge Amerikaner.
So eine kleine Fotografie. So ein großer Raum.)

Auch Tom Spanbauer hat seit 1996 "full blown AIDS" aber kommt damit wohl zurecht.

Sein 2007 erschienener in San Francisco spielender Roman "*Now is the hour*" ist ein autobiographisch getöntes *coming of age* eines Teenagers, der aus dem bedrückenden ländlichen Zuhause nach San Francisco zu den Hippies flieht, um sich zu finden.

Spanbauers bisher letzter Roman *"I loved you more"* versucht verständnisvoll eine zeitweilige Viererbeziehung zwischen reifen und jüngeren Menschen zu beleuchten.

Tom Spanbauer im Pick-Up

In Portland leitet Spanbauer heute *workshops* unter seiner Prämisse des "*Dangerous Writing*". Darunter versteht er das Eintauchen in die persönlichsten Seiten unseres Wesens, dorthin, wo eine alte Stille, ein Geheimnis ist, wo es dunkel ist und wo wir noch nie vorher waren. Das aufzuschreiben fällt uns sehr schwer ... kommt uns fürchterlich vor, dieser Schritt die Furcht zu überwinden, schmerzhafte persönliche Wahrheiten aufzuschreiben.

Aber schließlich werden wir das Innerste bei dieser Suche wahrnehmen und verstehen und können so die alten Vorstellungen, was wir sind, korrigieren.

Am Anfang steht sein Rat: *"When you see someone for the first time, be kind and look them in the eye. Everybody has a battle raging inside of them ... keep you going down the arduos, cruel, lonely, glorious path of a writer."*

Für die Kritikerin Charyl Strayed vereint Tom Spanbauer:

"Intelligence, wit, generosity, guts, heart-crushing truth and spirit"

Gespräche und Lesungen von Tom Spanbauer in seinem Haus sind auf YouTube zu sehen. Dabei kann man auch seine sanfte aber eindringliche Stimme hören und das Bild von diesem Menschen run-det sich.

Men's stuff - Männersachen

Richard Amory

Richard Amory aus dem amerikanischen Mittelwesten, schrieb noch als Student an der Ohio State University und vor seinem Coming-out Mitte der 1960 Jahre den Roman *Song of the Loon* (Rote Männer auf grünen Matten, 1982 im Rowolth Verlag erschienen).

Der Held Ephraim bricht aus der Enge der Zivilisation, seiner Kleinstadt und Kirche aus in die Natur des Westens zu Trappern und Indianern.

"Song of the Loon", Buchcover

Amory schildert die Indianer als naturliebend und kundig, er hat Respekt für ihre Bräuche und Bewunderung für ihre Natürlichkeit und männliche Schönheit. Amorys Sprache ist genau und sinnlich:

Paddeling upstream the sunlight turned the man's hair to new copper, shirtless, his deep-muscled shoulders stretched and tightened as he paddeled … His chest hair gleamed with sweat, and the thin line of hairdown his belly, widening below the navel, was flattened against his undulating muscles …

(Stromaufwärts paddelnd veränderte das Sonnenlicht das Haar des Gefährten hin zu einem Kupferton, ohne Hemd zeigten sich seine muskulösen Schultern, sich ausdehnend und zusammenziehend während sie paddelten … Seine Brust glänzte von den Schweißtropfen, und die dünne Linie der Haare von seinem Bauch hinunter weitete sich unter seinem Nabel aber lag dann an seinem muskulösen Körper an …)

So trifft er auf "Träumender Bär", einen Flöte spielenden Indianer am Flussufer, mit dem er Tage und Nächte in dessen Hütte verbringt. Zu ihm sagt er später:

"I would like to fill your soul with the knowledge of your own beauty." He touched the Indian's ear with his lips than leaned back slightly to study his reaction. The hips moved restlessly, the loincloth rose unsteadily … He touched the Indian's cheek with his fingers, caressed his eyes, brought his lips close to his face. "You are so beautiful, my love, I will show you in another way how you affect me." He stood up and passed his hand over his fully erect cock tightly outlined in his breeches. Quickly he pulled them off … caressing his rigid cock, enjoying the feel of it. The Indians eyes widened as he rose, staring in wonderment at Ephraims golden bronze hair, at his pink swelling cock and his testicles hanging loosely between his thighs. With a quick twist he untied his loin cloth and his own pulsating cock sprang outward …".

("Ich möchte deine Seele mit dem Wissen um deine Schönheit erfüllen." Er berührte das Ohr des Indianers mit seinen Lippen, dann lehnte er sich leicht zurück, um seine Reaktion zu studieren. Die Hüften bewegten sich unruhig, sein darum gebundenes Tuch bewegte sich hoch … Er berührte die Wange des Indianers mit seinen Fingern, schaute liebevoll in seine Augen und näherte seine Lippen dicht an sein Gesicht. "Du bist so schön, mein Liebster, ich zeig dir gleich, wie du mich berührst." Er stand auf, strich mit seiner Hand über sein voll erigiertes Glied, das sich in seiner Hose klar zeigte. Schnell zog er sie aus, streichelte seinen erigierten Schwanz und genoss das Gefühl. Die Augen des Indianers wurden immer grösser, als er aufstand, starrten in Bewunderung auf Ephraims bronzenes Haar, auf seinen rosa anschwellendes Glied und seine Hoden, die locker zwischen seinen Oberschenkeln hingen. Mit einer schnellen Bewegung löste er sein Lendentuch und sein eigener pulsierender Schwanz schnellte heraus …"

Im Leben unter den Freunden des Indianers hat Ephraim in der Folge noch weitere romantische und sexuelle Begegnungen.

Das Buch beschließt ein Abschiedsgruß in Form eines Gedichts:

Lie down, my love, beneath the pines
While I among the columbines
Will sing to you my gentle lines
Of how my love is a wonderous thing!

Awake, mylord, for now it's spring
Oh, come with me and be my king!

I'll shed my shirt and leggings too
's magic stark naked then I'll come to you
Unhidden from the rapturous view

Within the forest magic ring!

Awake, my lord, for now it's spring
Oh, come, and lie with me, my king!

Throw off your blanket, naked stand
Before my eyes, my lips, my hand,
Your handsome body, burnished, tanned!
Your penis lengthens – let it swing,
Oh, come and lie with me, my king!

Kinoanzeige

Song of the Loon war der populärste schwule Liebesroman in den USA, an den uramerikanischen Mythos von "Lederstrumpf" und "Der letzte der Mohikaner" erinnernd. Amory ließ noch zwei weitere Bücher *Song of Aaron* und *Listen – the Loon songs* folgen. Darin

spiegelt sich auch der Zeitgeist, der friedvollen Natur- und Blumenkinder, alle Männer verkehren als Brüder ohne Rassenschranken.
Amory hatte nach seiner Militärzeit in Mexico Anthropologie studiert, geheiratet und war dann nach San Francisco übersiedelt. Nach seinem Coming-out ließ er sich scheiden und studierte Spanisch, was er später auch unterrichtete.
Seine Bücher erlebten in Übersetzungen und Raubdrucken als "Pulp Fiction" mit kitschig-bunten Titeln große Verbreitung.

Gordon Merrick

The Lord won't mind (Ein Fall von Liebe) erschien 1970, zwei Jahre nach den Stonewall Unruhen, als unpolitischer, ehrlicher, sexuell expliziter Unterhaltungsroman einer homosexuellen Liebe. Ohne Klischees erzählt er die Geschichte der beiden attraktiven Männer Charlie und Peter mit *ups and downs* und gibt offen Einblick in den "gay way of life". Die freizügige Art, dies so zu schildern einschließlich der *"nights of carnal bliss"* machte das Buch zu einem kontroversen Bestseller, der 16 Wochen auf der Bestenliste der New York Times stand. In der Kritik der Zeitung zu seiner Fortsetzung *One for the Gods,* hiess es:

"One for the gods" zeigt, dass wir die Diskriminierung gegen Homosexuelle beenden müssen, dass wir ihnen die gleiche Stellung geben müssen, wie allen anderen Minderheiten, wenn die US als humane Gesellschaft überleben soll. Vielleicht kommt auch bald der Tag, an dem wir die Tatsache der Ambivalenz unserer gemeinsamen sexuellen Genesis akzeptieren und Homosexualität und andere sexuelle Neigungen als positive und sogar schöne Aspekte unseres gemeinsamen Erbes als Menschen verstehen. Die Alternative dazu ist nur zerstörende Intoleranz."

Gordon Merrick

Insofern ist die Wirkung der beiden Bücher doch politisch. Es geht auch in den folgenden Romanen oft um die Identitätsfindung der Homosexuellen. Die Protagonisten lieben oft auch Frauen und werden von diesen geliebt. Merrick hat in seinen 13 Romanen verschiedene solche Beziehungen geschildert, bei denen aber letztendlich die Neigung zum Mann stärker ist. Darum plädiert er dafür, ehrlich zu sich zu stehen und sein Leben zu leben.

Merrick selbst hatte nach einem Studium in Princeton und einer Offizierskarriere im Aufklärungsdienst im Krieg in Frankreich und Nordafrika für verschiedene Zeitungen in den USA als Journalist gearbeitet. Mit dem Honorar seines ersten Romans *The Strumpet Wind* (1947) geht er wieder nach Frankreich.

Als Vierzigjähriger lernte er "den Mann seines Lebens" kennen, den 27jährigen Charlie Hulse, mit dem er bis zu dessen Tod 48 Jahre lang auf der Insel Hydra zusammenlebt.

Meist in Griechenland, auf den Inseln, umgeben vom Meer, unter glühender Sonne als Szenario beschreibt er die Geschichten seiner Helden. Reifere Paare, die oft Beispiel für jüngere Männer sind, die die beiden auch manchmal zärtlich-handfest miteinbeziehen und ihnen so beim Coming-out helfen. Immer mit Happy-End.

Manche Kritiker sahen seine Bücher als "Pulp Fiction", kitschig, nur schöne Männer, viel Sex, blaues Meer, Segelyachttörns, weißer Strand und griechische Inseln … trotzdem sind die Bücher bis heute erfolgreiche *page turner* für männliche Leser.

Samuel S. Steward

In den frühen 1970 Jahren, mit der aufgekommeden sexuellen Freizügigkeit erschienen unter dem Pseudonym Phil Andros (Liebhaber des Mannes) in rascher Folge eine Reihe von heute klassischen pornographischen Romanen, mit dem Autor als "ich" Protagonist "Phil", Titel wie *$tud, Below the Belt, Latin Lover* u.a.
Schauplätze sind Chicago, San Francisco und Rom mit den Escort- Leder- und Tatooszenen, in denen sich der Autor auskennt.

Phil Andros Titel

„Knackegeiler Lesestoff mit Biss und Witz. Phil Andros glorifiziert schwulen Sex auf intelligente Weise – Beziehungsstress inbegriffen", hieß es in der Kritik der "Schwulen Buchläden". Höchst anschaulich gelingt Andros mit Sprache sexuelle Erregung zu erzeugen, wie es sonst nur mit Bildern möglich ist.

Steward hatte viele Jahre dem Fotografen George Platt Lynes auf dessen Bitten erotische Geschichten geschickt und dafür Abzüge seiner privaten Aktfotos von Männern bekommen. Er machte ihn auch mit seinem schwarzen Freund Johnny Leapheart bekannt, mit dem sich Lynes für das berühmte Foto "Schwarz und Weiß" zweier Liegender ablichte.

Tom of Finnland's Cover-Zeichnungen für die Neuauflage der Romane (s.o.) gefielen dem Autor:

"Er habe Phil genau getroffen, so wie er ihn sich immer vorgestellt habe. Dieser kühle, kalkulierende aber sympathische Blick, der sensuelle Schwung der Lippen, der Torso – alles stimmt ganz genau bis zu den Venen der Arme ... und die Wölbung zwischen den Beinen ... superb! Er sei sicher, die Leute würden die Bücher genauso des Covers wie der Geschichte wegen kaufen!“, schrieb er an Tom of Finnland.

Wenn man Stewards Texte liest ist dieser Phil sein Ideal von einem Mann, stark, attraktiv, sexy und freundlich, so wie die Titelzeichnungen von Tom of Finnland.

When in Rome, do ... sollte der Titel des in Rom spielenden Buches eigentlich sein. Der Verlag bestand auf *Latin Lover.* Das Buch ist heiter, humorvoll, lebensfroh und geil und basiert auf eigenen Erlebnissen in Rom. Phil mochte Italien und fand, die Männer seien nicht so festgelegt und einschließlich Carabinieri für alles zu haben.

Der Autor Samuel S. Steward, 1909 in Ohio geboren, hatte nach einem Literaturstudium selbst eine Dozentenstelle für Literatur an einem katholischen College in Chicago bekommen. Nach einer guten Besprechung seines Debütromans *Angels on the Bough* in der New York Times hatte er auf mehr Veröffentlichungen seiner Geschichten und eines Chicago Romans vergeblich gehofft.

Steward kannte schon früh Gertrude Stein, die Autorin des Bestsellers *The autobiography of Alice B. Toklas* persönlich. Stein war auch bekannt durch ihren Sprachwitz " A rose is a rose is a rose ..." Nach 50 Jahren, in *Parisian Lives* (1984) erinnert sich Steward:

Gertrude Stein (Carl Van Vechten)

„Als ich Gertrude Stein traf, ich war damals noch sehr jung, auf meiner ersten Reise nach Europa und war beglückter, als ich je in meinem Leben vorher war, Hausgast einer solch großartigen Frau zu sein. Es war ganz natürlich passiert. An meiner Universität war ein Professor, der ein großer Verehrer von Gertrude Stein war. Der erzählte viel von ihr

und ihren Schriften. Als er urplötzlich starb, übernahm ich es, ihr von seinem plötzlichen Tod zu schreiben. Sie antwortete sehr verbindlich und sympathisch. Ich schrieb zurück – und so entwickelte sich ein Briefwechsel, der schließlich zu meinem Besuch bei ihr und ihrer Sekretärin und Partnerin Alice B. Toklas führte.

"Gertrude was always marvelously kind to young people, and it seemed she was especially so to me ...".

Stewards Besuche in Paris und in Stein's Sommerwohnsitz im Landhaus Bilignin in der Normandie wiederholten sich fast jährlich in seinen Semesterferien, wenn sich Steward die teure Schiffspassage über den Atlantik leisten konnte. Als Stein 1939 plötzlich starb, blieb er mit ihrer Partnerin Alice B. Toklas den Rest ihres Lebens befreundet und besuchte Toklas auf jeder seiner Europareisen in Frankreich.

Seine Erinnerungen an Stein und Toklas mit ihren Briefen erschienen erst 1977 als Buch "*Dear Sammy*, der Briefwechsel mit Gertrude Stein und Alice B. Toklas".

Durch Gertrude Stein, der Muse vieler amerikanischer Schriftsteller, kam er in Kontakt mit Thorton Wilder, Jean Cocteau, Jean Genet und André Gide, den er in seiner Pariser Wohnung zweimal besucht.

Steward berichtet Winston Leyland im *Gay Sunshine Interview*:

Beim ersten Mal öffnet Gide's Houseboy, ein lächelnder junger Araber im weißen Burnus die Tür und führt ihn in Gide's Arbeitszimmer. Danach gehen sie zum Tee in den danebenliegenden Salon, wo der Boy mit nacktem Torso auf dem Bett sitzt und sich den Saum seines Burnus näht. Nach einer Weile bemerkt Steward zu Gide "*what an extraordinarily handsome young man*", und Gide antwortet lächelnd auf Englisch "*Yes, he is one of the most beautiful creatures I have ever seen*".

Gide und Steward unterhalten sich über Gide's Bücher, sein offenes Bekenntnis zu seiner Sexualität, seinen *Corydon* und über amerikanische Autoren. Sie verabreden demnächst ein weiteres Treffen, an das Steward kaum glaubt. Aber Gide ruft ihn tatsächlich in seinem Hotel Récamier an und lädt ihn noch für den gleichen Abend ein, er hätte eine Überraschung für ihn. Diesmal öffnet Gide selbst die Tür, schenkt ihm eine gewidmete Kopie seines neuesten Buchs und fordert ihn auf, in den Salon mit dem runden Bett neben seinem Arbeitszimmer mitzukommen.

"Gide öffnete die Tür nur halb und ich ging hinein, dann schloss er die Türe und blieb draußen. Im dämmerigen Licht einer kleinen Glaslampe auf dem Nachttisch lang der junge Araber, der mich beim ersten Besuch eingelassen hatte, sinnlich ausgestreckt nackt auf dem Bett, lächelte mich an und breitete seine Arme einladend aus.

"Ich bin Ali" sagte er."

Steward beendet den Bericht *"Small wonder that I have never forgotten the works of André Gide"*

Dieses Erlebnis und Gides Erzählungen veranlassen ihn anschließend nach Algier zu reisen, wo er mit seinem jungen Führer Mohammed zwei Wochen verbringt.

Von Paris aus besucht er Rom und Marseille, wo er besonders von den Marinesoldaten fasziniert war. Uniformen, Leder und die Kluft der Matrosen blieben ein Fetisch für ihn. Er hatte selbst versucht 1940 als 31jährigerin die US Marine zu kommen, wurde aber wegen starker Allergien als untauglich abgelehnt. Die Tätowierungen, die er bei den Marines sah, inspirierten ihn dazu, die Tattoo-Technik zu erlernen und sich selbst zu tätowieren.

Noch während seiner Dozentenzeit am College hatte er bald ein eigenes Tattoo-Studio in Chicago und verteilte seine Businesscards bei Besuchen im benachbarten Marinestützpunkt an junge Marines. Dazu lag sein Studio in unmittelbarer Nähe des Biker Treffs der "*Hell's Angels*", deren Ledermänner sich gern von ihm tätowieren ließen. So hatte er auch manchen als Sexpartner im *backroom* für sein anderes Fetisch.

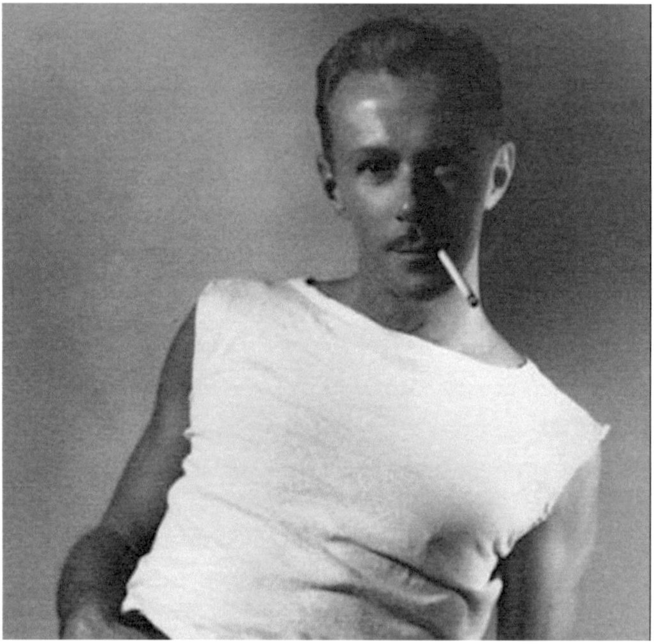

Samuel S. Steward

Über das Tätowieren schrieb er :

"Tattooing has so many more compensations than anything I had ever done in my life. The beauties that pass through my hands as I tattoo them torment me. Still I can touch them, hold their biceps, touch their knees- something I could never do with the students when I was teaching ... and the satisfaction of doing a good tattoo and knowing the boy will carry it for many years again a part of me"

(Tätowieren gibt soviel mehr Befriedigung als alles andere, was ich bisher in meinem Leben gemacht habe. Die schönen Kerle, die unter meinen Händen von mir tätowiert werden, erregen mich. Aber ich kann sie berühren, ihren Bizeps halten, ihre Knie anfassen, was ich nie bei den Studenten tun konnte, die ich unterrichtete – und die Befriedigung ein gutes Tattoo zu machen und zu wissen, dass der Junge viele Jahre ein Stück von mir auf sich trägt.)

Trotz der Ermutigung von Stein und Toklas kam er schriftstellerisch nicht voran. Von 1944 – 1949 hatte er monatliche Feuilletons für das "Illinois Dentist Journal" geschrieben, später auch Beiträge für den "Kreis", das Schweizer Clubblatt eines Männer-Freundeskreis.

Seit 1949 hatte Steward für Dr. Alfred Kinsey und dessen Institut für Sexualforschung an der Universität von Indiana als authentischer Zeuge und Feldforscher gearbeitet. Kinseys Buch *The sexual behaviour of the human male* über das sexuelle Verhalten des amerikanischen Mannes hatte 1948 in den USA empörte Reaktionen ausgelöst, auch weil Kinsey auf Grund seiner Erhebungen nachwies, dass drei bis fünf Prozent der amerikanischen Männer ausschließlich bis überwiegend homosexuell sind und dass der "normale" Amerikaner nicht nur auch so und so oft onanierte, sondern in bestimmten Situationen zu einem beachtlichen Prozentsatz auch sexuell mit anderen Männern verkehrte. 1953 veröffentlichte Dr. Kinsey *The sexual behaviour of the human female.* Auch dazu hatte er sich nicht mit Fragebögen begnügt, sondern mehrere Gruppen junger Escortfrauen sich hinter verschlossenen Türen seines Instituts frei miteinander vergnügen lassen. Mit diesen, auch gefilmten Erkenntnissen, wies er nach, dass Frauen genauso eine Homosexualität haben, wie Männer, was bis dahin vollkommen ignoriert worden war.

Steward hatte von 1924 an auf über 800 Karteikarten, - *"Studfiles"*- seine Begegnungen und die bevorzugten Praktiken seiner Sexpartner registriert. Dr. Kinsey war an dem Material wegen dieser

Details sehr interessiert, weshalb ihm Steward viele Unterlagen, eigene Zeichnungen, Objekte seiner Sammlung homosexueller Kunst und Polaroids aus seinem Studio zur Verfügung gestellt hatte. Stewards enorme Erfahrung in der homosexuellen Szene, die Wünsche vieler Männer, Steward's Klienten, war für Kinsey's Forschungen zur männlichen Sexualität wertvoll, denn er selbst hatte nur die Angaben aus seinen Fragebögen und Versuche mit freiwilligen Probanden. Steward legte ihm seine Aufzeichnungen offen, weil er meinte, etwas für die realistische und nicht moralisierende Betrachtung von Sex beitragen zu können.

Homosexuality is not all self-hate, or guilty feelings, or love, or domination or submission, or any one thing; it's a many branching path, down which we are all walking.

(Homosexualität ist in keinesfalls Selbsthass, oder Schuldgefühle, oder Liebe oder Herrschaft oder Unterwerfung, oder sonst was: sie ist ein sehr verzweigter Weg, den wir alle gehen.)

Aber mit Kinseys Tod 1956 endete Stewards sexualwissenschaftliche Nebentätigkeit. Seine Unterlagen, Polaroids und das gefilmte Material liegen im Institut der Universität von Indiana bis heute unter Verschluss, unveröffentlicht und nur für Sexualforscher einsehbar.

Nach zehn Jahren in Chicago, als dort das Mindestalter auf 21 Jahre hochgesetzt wurde, zog Steward an die San Francisco Bay und machte in Oakland ein neues Studio auf– wieder neben seinem Lehramt an der Universität.

Er schrieb noch ein Sachbuch *Bad Boys and Tough Tattoos*, aber schloss das Studio, nachdem er mehrfach überfallen, ausgeraubt und dabei zusammengeschlagen worden war. Schließlich veröffentlicht er 1981 noch *Chapters from an Autobiography.*

Justin Spring nannte 2010 seine Samuel S. Steward Biographie *Secret Historian* wegen dessen Zeugenschaft und Materialien für die Sexualwissenschaft. Ansonsten, meint Justin Spring, war Stewards Leben durch dessen sexuelle Obsessionen, Enttäuschungen und die daraus resultierende Isolation bestimmt.

Rückschau und Ausblick

Während der Arbeit an diesem Text, habe ich einige Werke der porträtierten Autoren wieder gelesen, dazu alte und neue Biografien und Autobiografien.

"Gay literature" schreiben wollten sie nicht, sagten Albee und Williams. Das machte explizit erst die nächste Generation wie Edmund White und David Leavitt. Die Porträtierten sahen sich selbst als Dichter, wie Walt Whitman, Langston Hughes und Schriftsteller, wie Edward Albee, James Baldwin und Tennessee Williams, die auch *gay* waren. Ihre Themen waren, wie die fast aller Autoren, die Probleme zwischenmenschlicher Beziehungen, dabei kam manchmal das Queer-Sein eines Protagonisten hinzu.

Selten kommt die Tragödie ihrer Figuren nur aus ihrem Gay-Sein, so wie in Annie Proulx' *Brokeback Mountain* oder verhalten in Williams' *Suddenly last Summer.* Eine gay-novel *The City and the Pillar* von Gore Vidal und *Giovanni's Room* von James Baldwin sind genauso wie *Maurice* von E.M. Forster mehr wichtige Schlüssel im umfassenderen Werk der Autoren.

Die hier herausgestellte "besondere Empfindsamkeit" hatte ich schon früh bei Thomas Mann und Hermann Hesse und später bei Marguerite Yourcenar in ihren *Mémoirs d'Hadrian* (Ich zähmte die Wölfin) bemerkt, auch bei Bruce Chatwin und Christopher Isherwood. Erst in Gertrude Steins Gesprächen mit Samuel S. Steward fand ich *queer sensibility* als besonderes Merkmal guter Autoren benannt, weil diese oft wahrhaftiger sind und Dinge der Seele mitfühlend offen legen.

Viele ältere Autoren in anderen Epochen und Ländern, wie Michel de Montaigne, Marcel Proust, André Gide aber auch Giogio Bassani und Pier Paolo Pasolini in seinen *Ragazzi di vita* oder *Amado Mio* auch Yukio Mishima schrieben mit einer ähnlichen Empfindsamkeit.

Der junge Amerikaner Ocean Vuong schildert in seinem "Im Leben sind wir kurz grandios" das Elend und die Entwurzelung seiner aus Vietnam geflüchteten Mutter und Oma und sein schwules Coming-out mit Trevor.

" ... wenn man berührt wird und glaubt, dieses Gefühl gehöre einem selbst, wenn es doch eigentlich jemand anderes war, der uns durch sein Verlangen findet."

Ich stellte die Dusche ab, doch statt mich wie gewohnt abzutrocknen, bevor der beschlagene Spiegel wieder klar wurde, ließ ich mir Zeit. Es war Zufall, dass mir meine Schönheit enthüllt wurde. Ich träumte vor mich hin, dachte an den Tag zuvor an Trevor und mich ... und stand in der Wanne. Als ich herausstieg zog der Junge vor dem Spiegel mich in seinen Bann.

Wer war das? Ich berührte das Gesicht, seine blassgelben Wangen. Ich betastete meinen Nacken, den Muskelzopf, der zu den scharf vorstehenden Schlüsselbeinen abfiel. Die ausgeschabten Rippen eingesunken, während die Haut die Lücken dürftig ausfüllte, das traurige kleine Herz darunter winzige Wellen schlagend wie ein gefangener Fisch. Die Augen, ... eins zu weitgeöffnet, das andere wie benommen, halbgeschlossen. ... Es war alles, wovor ich mich versteckte, alles was in mir den Wunsch weckte, eine Sonne zu sein - das Einzige, was ich kannte, das keinen Schatten hatte ... weil es mit der Schönheit doch so ist, dass sie nur außerhalb von sich selbst schön ist. Während ich mich im Spiegel betrachtete, sah ich meinen Körper als den eines anderen, eines Jungen mit regloser Miene, der die Haut beschwor zu bleiben, wo sie war, als ob die Sonne im Untergehen nicht schon woanders, nicht schon in Ohio wäre.

Ich hatte, was ich wollte – einen Jungen, der auf mich zu schwamm.

Ocean und Trevor leben in einer trostlosen Provinz, in der Welt der weißen unterprivilegierten Amerikaner – *trailer-trash.* Viele abhängig von schnell verschriebenen Schmerzmitteln, Medikamenten dann Drogen und gehen daran kaputt -sterben wie später auch Trevor.

Einige Zeit nach ihrem Zusammentreffen schreibt Ocean:

Eine Woche nach dem ersten Mal machten wir es wieder. Wir fingen mit seinem Schwanz in meiner Hand an. Ich krallte mich fester an die Bettdecke. Und wegen der Trägheit seiner Haut, die feucht-fest an meine eigene drückte, fühlte sich die Sache nicht bloß nach Vögeln, sondern nach Durchhalten an. Das Innere seiner Wange, wo das Fleisch am weichsten war, schmeckte nach Zimtkaugummi. Ich senkte meine Hand und befühlte den Eichelschlitz. Als ich um die warme Rundung rieb, erschauerte Trevor. "Mach weiter, sagte ich und lehnte mich zurück, gab mich ganz hin. "Fester"... Er ließ mein Haar los, nur um seinen Arm unter mein Kinn zu legen. Meine Lippen streiften seinen Unterarm und ich konnte das Salz dort schmecken. Anerkennung zuckte in ihm. So würden wir es von nun an machen.

Auch das grausame Erleben seiner Mutter, damals noch in Vietnam schildert Ocean Vuong mit präziser und doch poetischer Sprache:

Nachdem du die Pillen einen Monat lang geschluckt hattest, als das Baby eigentlich schon nicht mehr da sein sollte, hast du ein Stechen in dir gespürt. Sie rasten mit dir ins Krankenhaus. "Ich fühlte ihn treten, als sie mich Hals über Kopf durch die Räume schoben, wo die Farbe von den Wänden blätterte. Es hat immer noch nach Rauch und Benzin vom Krieg gerochen.

Nur nach einer Novocain-Injektion zwischen deine Schenkel sind die Schwestern schon mit einem langen metallischen Instrument reingegangen und haben mein Baby einfach aus mir rausgekrazt, wie Kerne aus einer Papaya.

Es war dieses Bild, das konkret Alltägliche daran – die Zubereitung einer Frucht, bei der ich dir tausendmal zugesehen habe, wie der Löffel an dem fleischig-orangenen Inneren der Papaya entlangfuhr, ein

Matsch schwarzer Kerne, der in die Stahlspüle klatschte – was es unerträglich machte. Ich zog mir die Kapuze meinem weißen Sweaters über den Kopf.

Oceoan Vuong

Vor dem Roman hatte er 2016 schon einen Gedichtband *Night Sky with Exit Wounds* veröfftlicht, den er seinen Eltern gewidmet hatte.

Das Gedicht *Devotion* ist seinem Freund Peter Bienkowski gewidmet:

Instead the year begins
with my knees
scraping hardwood,
another man leaving
into my throat. Fresh snow
crackling on the window,
each flake a letter
from an alfabet
I've shut out for good.
Because the difference
between prayer & mercy
is how you move
the tongue. I press mine
to the navel's familiar
whorl, molasses threads
descending toward
devotion & there's nothing
more holy than holding
a man's heartbeat between
your teeth, sharpened
with so much
air. This mouth the last
entry into January, silenced
with fresh snow crackling
on the window.
& so what – if my feathers
are burning. I
never asked for flight.
Only to feel
this fully, this
entire, the way snow
touches bare skin - & is,
suddenly snow no longer.

Der 1992 geborene Franzose Eduard Louis beschreibt als 22jähriger in seinem ersten Roman *En finir avec Eddy Bellegeule* (Das Ende von Eddy) sein in der Schule und in der Familie gemobbt und geschlagen werden wegen seines unmännlichen Gehabes.

An meine Kindheit habe ich keine einzige glückliche Erinnerung. Das soll nicht heißen, ich hätte in all den Jahren niemals Glück oder Freude empfunden. Aber das Leiden ist totalitär: Es eliminiert alles, was nicht in sein System passt.
Im Flur tauchten zwei Jungen auf, einer war groß und rothaarig, der andere klein mit krummen Rücken. Der Rothaarige spuckte mich an: Voll in die Fresse.

Die arme Familie von Eddy mit fünf Geschwistern in der französischen Provinz leidet an der Ungerechtigkeit der Arbeitswelt, der Niedriglöhne und Eddy dazu an der Homophobie der Männer des Dorfs und des gewalttätigen Vaters.

Edouard Louis

Eines Tages, auf dem Volksfest ziehen sich etliche Jungen aus, ... *lachend und prustend rannten sie herum fasten sich an ihr Glied und das der anderen ... Die Jungs rieben sich aneinander und imitierten Sex ... wenn ich sie mir so ansah, wie sie nackt herumliefen, dann kamen sie mir vor wie ein Haufen Schwuchteln. In Wahrheit schwindelte mir beim Anblick ihrer Nacktheit. Ich benutzte abfällige Schimpfwörter für Schwule ... Diese Wörter zu verwenden half, dass sie nicht meinen eigenen Körper in Besitz nahmen.*

Als ich nach Hause kam, weinte ich, zerrissen von dem Begehren, das die Jungs in mir ausgelöst hatten, und dem Ekel vor mir selbst, vor meinem begehrenden Körper.

Nach zwei gescheiterten Versuchen erotische Gefühle für Mädchen zu entwickeln und einem Fluchtversuch, wird er schließlich vom Internat in Amiens angenommen und verlässt die gewalttätige Welt seines Heimatdorfs.

In seinem Brief an den Vater *Qui a tué mon père?* (Wer hat meinen Vater ermordet) rechnet er mit dem unmenschlichen Sozialsystem Frankreichs ab, in dem sein Vater nach einem Arbeitsunfall schwerbeschädigt bleibt und keine Gerechtigkeit findet. Louis beschreibt mit Einfühlsamkeit die Verzweiflung des Vaters am Scheitern aller Lebensträume.

Ausgewählte Bücher der Autoren

Walt Whitman :
Leaves of Grass (1855 – 1891)
Tagebücher (Auswahl Reclam 1990)

Gertrude Stein:
Selected Writings, Hgb. Carl Van Vechten (1946)

Carl Van Vechten:
Nigger Heaven (1926, dt. 2012)

Langston Hughes:
The Ways of White Folks (1934)

Edward Albee:
Stücke (u.a. Zoogeschichte, Der Tod von Bessie Smith)

James Baldwin:
Giovanni's Room (1956),
Schwarz und Weiß, Essays (1963)

Richard Avedon/James Baldwin:
Nothing Personal (2019)

Truman Capote:
The Grass Harp (1945, 1952)
Breakfast at Tiffany's (1958)
In Cold Blood (1966)
Summer Crossing (2004)

Tennessee Williams:
Stücke (The Glassmenagerie, Rose Tattoo u.a.)
The Roman Spring of Mrs. Stone (Roman)

Carson McCullers:
Reflections in an Golden Eye (1941),
Member of the Wedding (1950),
Ballade vom traurigen Café, Uhr ohne Zeiger (1961)

William Inge :
Four Plays (Stücke),
Good Luck, Miss Wyckhoff, Roman (1970)

Tom Spanbauer:
Faraway Places (1988)
The Man who fell in Love with the moon (1991)
In the City of Shy Hunters (2001)
I loved you more (2010)

Richard Armory :
Song of the Loon (1966)

Gordon Merrick :
The Lord won't mind (1970)
One for the Gods (1971)

Samuel S. Steward (Phil Andros):
$tud, Latin Lovers, Dear Sammy (Biefe von Gertrude Stein),1977,
Bad Boys and Tough Tattoos
Chapters from an Autobiography (1981)

Ocean Vuong:
Im Leben sind wir kurz grandios (2019)

Edourd Louis:
Das Ende von Eddy (2014)
Wer hat meinen Vater ermordet? (2018)

Biografien, Autobiografien, Interviews

W.J. Weatherby:
James Baldwin – Artist on Fire (1989)

Tennessee Williams :
Memoirs (1972)

John Lahr :
Tennessee Williams (2014)

Dotson Rader:
Tennessee, Cry of the Heart (1985)

Justin Spring:
Samuel Steward, the secret Historian, Tattoo Artist and Sexual renegade (2010)

Carson McCullers:
Illumination and Nightglare (Die Autobiografie 1999)

Elia Kazan:
A Life (1988)
Gay Sunshine Interviews ,Vol. One, and Vol. Two edited by Winston Leyland (1978)
Alfred Kinsey: Das sexuelle Verhalten des Mannes und der Frau, 2 Bände (1948 und 1953)

Tom Spanbauer auf YouTube
DVD s
"Looking for Langston" von Isaac Julien (1990)
"I'm not your negro" (James Baldwin) von Raoul Peck (2017)

Verzeichnis der Abbildungen

Abb Inge mit Williams

Abb. Tom Spanbauer im Blog

Abb. Tom Spanbauer im Pick-Up

Abb. "Song of the Loon", Buchcover und Abb. Kinoanzeige

Abb. Gordon Merrick

Abb. Phil Andros 2 Buchcover ,

Abb. Gertrude Stein

Abb. Samuel S. Steward im T-Shirt

Abb. Porträt Ocean Vuong

Abb. Porträt Eduoard Louis

Dank

Die Porträts von Carl van Vechten sind frei von der Library of Congress, Washington DC. Der Autor dankt Hans van Manen für die Benutzung seines Fotos "Thijs & Kyle" sowie allen Fotografen, Wikipedia und wikicommons für die Verwendung ihrer Bilder. Er hat sich bemüht alle Rechteinhaber ausfindig zu machen. Wo dies nicht möglich war, bitte kontaktieren Sie:
Dieter Allers. E-Mail: gottall@t-online.de

Dieter Allers **Männer – Freunde – Liebespaare**
Biographische Notizen
136 Seiten , sw Abbildungen , 18 farb. Abbildungen
ISBN 978-3-86361-608-3 Auch als Ebook

Männerpaare gibt es seit den antiken Mythen, im Alten Testament, in Geschichte und Literatur, zuletzt in „Brokeback Mountain". Oft kennt man nur den Berühmteren – Michelangelo, Shakespeare, Montaigne – aber zu jedem gehört ein Partner.
Diese biographischen Skizzen stellen sie als Freunde oder Liebespaare in ihrer meist fruchtbaren Beziehung dar. Auch „tragische Paare" wie Oscar Wilde und Lord Douglas, Rimbaud und Verlaine werden in ihrem Drama skizziert. Wegen der christlichen Sexualtabus tauchen in der Literatur Männerpaare erst im 19. Jahrh. auf. Walt Whitman, Thomas Mann u.a. haben diese Sehnsucht und Liebe beschrieben.
Der Autor beleuchtet die Schicksale dieser Männer, die ihre Liebe mit dem Partner eint, die damit wachsen und manchmal scheitern.